*Eclogue*
Toshiyuki Shimada

# ニットで奏でるエクローグ

フェアアイルの技法で編むウェアと小物

嶋田俊之

文化出版局

Contents

| | |
|---|---|
| **Slätter** スロッテル | 4/73 |
| **Ribbon** リボン | 8/64 |
| **Carnation** カーネーション | 11/68 |
| **Laima** ライマ | 15/80 |
| **Canon** カノン | 20/86 |
| **Stamps** スタンプス〔切手〕 | 24/95 |
| **Windmill** ウィンドミル〔風車〕 | 28/98 |
| **Ophelia** 〔Homage to Åse Lund Jensen〕 オフィーリア〔オーセさんの小花〕 | 32/100 |
| **Arabesque** アラベスク | 36/90 |
| **Rondo** ロンド | 40/104 |
| **Eclogue** エクローグ | 44/110 |
| **Asa-no-Ha** (Geometric Hemp-Leaf from Japanese Pattern) 麻の葉 | 47/116 |
| フェアアイルのテクニック | 52 |
| この本で使用した糸 | 56 |
| 作品解説 | 57 |
| 編み始める前に | 63 |
| 基本のテクニック | 122 |

# Slåtter
## スロッテル

セテスダール・コフタ、またの名をルース・コフタ。黒地に白の点々が広がるルース（しらみ）模様が有名な、ノルウェーのセテスダール地方に伝わる伝統ニットをアレンジして。もともとのスタイルであるセーターをカーディガンに替えて、ハート柄と雪柄のバリエーションが気持ちよく収まるよう配置しました。また、胴回りと腕回りに規則正しく並ぶ1目のルース模様を、粉雪のようにグラデーションで消して黒無地を作り、より静かで洗練されたイメージに。

編み方 p.73／作品解説 p.57

レッグウォーマーは、ウェアの大柄をメインの柄として。一模様の目数が多いほど、希望のサイズの総数にはめ込むことが難しいので、美しく収めるために柄の目数を変えています。

# Ribbon

リボン

古いデンマークの刺繍図案集に収められていたリボンモチーフにアレンジを加え、色違いのリボン柄のテープを縫いつないだように編み込んで。輪に編むので、肩はぎ位置で前後身頃が同じ配色になること、また、天地がある柄ゆえの収めづらさを感じました。そこで、引返し編みで肩下りをつけ、肩でリボンを結んだようにデザインし、いつものフェアアイルにはない、チャームポイントを添えました。

編み方 p.64 ／作品解説 p.57

時として、美しいだけでなく、まるで綱渡りをしているかの如く、少しでも何かがずれると全体の調和がだめになるような、ぎりぎり一歩手前、という色の組合せも好きです。決められた配色で針を動かすことに集中するのもよいですが、ドキドキしながら色に悩むプロセスも、編み物の時間の一部ではないでしょうか。

# Carnation
カーネーション

スウェーデンのヘルシングランド博物館所蔵のオーヴァンオーケル地方のセーターにインスピレーションを受けて。カーネーションのような曲線的な柄と、幾何学的かつ直線的な柄の2種類のモチーフがネガポジで編み込まれた思い切った構図で、それらのバランスがとても美しく、長い間一度編んでみたいと温めていたものでした。手もとに残された1枚の写真をもとに、いにしえの作者との謎解きのような対話を重ね、滞りなく美しい配置になるよう修正を加えました。

編み方p.68／作品解説p.58

袖下には、カーネーションの柄を壊すことなく、大きな三角のまちが編み込まれているのも、大きなデザインポイント。テクニックに頼り過ぎなくとも、単純な構造なのに美しいという、伝統ニットならではの魅力のひとつと感じます。

後ろ身頃には好みでイニシャルを添えて。

ミトンは、セーターから柄を抜き取り、色と素材を替え、てのひら、甲共に、左右違いに色と柄を反転させて。大きいサイズは、編み図はそのままに、細い糸を添えて2本どりにし、号数を替えて編んでいます。

# Laima
ライマ

バルト三国のひとつ、ラトビアは特にミトンが有名で、膨大な種類の編込み柄があります。初めて見た時から惹きつけられてきたヴェンツピルス地方ピルテナ村に伝わる柄で作品群をまとめました。一般的なサイズとゲージで、一双。また、同じ糸を使い、細い針に替えて、もとになった原型の目数でもう一双編みました。

編み方 p.80／作品解説 p.58

親指も、どこから見てもぴったり柄が収まるように。

全体のバランスを考慮して、前身頃のみに編込み柄を配置しました。左右前身頃は別々に編むのではなく、前身頃のみを肩の引返し編みの手前までは輪に編み、後で切り開き、同時に編み上げます。衿ぐりや肩下りでは、ミトンの指先の斜辺を模して柄をきれいに収めたく、また、少しでも華奢に見えるように、前後身頃の肩に差をつける工夫をしています。縁編みは、ミトンの手首の編込み模様を使い、前立てと裾の角も柄を合わせて。

# Canon
## カノン

北欧のホテルで見た、間仕切りのタペストリーの記憶から。シンプルながらも着やすく、素肌に優しく、衿あきや袖丈、ドレープ感にもこだわって。微妙な色の混り具合と質感、また、シルク、モヘア、アルパカ、リネン、ウールが合わさり、イメージの中で求めていたラグジュアリーな風合いに。細部にも配慮したことを残したく、縦横対称の総柄のパターンを活かし、前後身頃の肩と袖の接続部分で、滞りなく柄がつながるようにデザインしました。

編み方 p.86 ／作品解説 p.59

デンマークのユトランド半島、北海を望む見渡す限りの誰もいない砂浜で、真夜中近くにやっと白夜の太陽が日没を迎えた後、ほんのわずかな瞬間。突然あたり一面が今までに見たことのない色の世界へと誘い、昼のものも、夜のものも、息をひそめる一時。その時の海の色と空の色で。

# Stamps
スタンプス〔切手〕

フェアアイルに何か新しさをプラスしたく、各段に地糸を2色使ってモザイク模様のように。編み地の表情に奥行きが出た半面、通常のフェアアイルの色合せに比べ、色を重ねるほど窮地に追い込まれる思いがしました。そこで、ひとつの回避法として、あからさまには捉えづらい配色の法則を'仕掛け'としてバランスを整えました。色合せが複雑になればなるほど、その仕掛けが複数要ることも学びました。

編み方 p.95／作品解説 p.59

四角の中の小花のモチーフは、中心1目を別の色にしているので、その段は4本を編み込むことになります。この1目の配色を省いて3色にもできますが、一気に奥行きがなくなります。こんな小さなことなのに、と思うような、どうでもよいようなひと手間をかけるのが好きです。後から振り返ると、どうでもよくなかった、と気づくことがあるからです。

# Windmill
ウィンドミル〔風車〕

デンマークの田園の、そよ風に波打つ見渡す限りの草原の中に、ぽつんと佇む風車小屋。初夏の抜けるような青空をバックに、大きな白い羽根をゆっくりと雄大に動かす姿と、それらを囲む風の匂いは、慌ただしさの中で忘れかけていた大切なことを思い出させ、癒されてゆく美しいモノクロの思い出となりました。

シンプルな千鳥格子を編んでみたく、バリエーションを書いていた時に生まれた柄。少しずつずれているのがおもしろいところ。さりげなく、ずれているパターンの特徴を表現できるよう、段染めの糸を使いました。無染色の羊毛独自の優しい色のグラデーションは、水墨画にも似た静かな色の奥行きを感じ、また、そこに上質な風合いが掛け合わさり、シンプルながらも着回しの利くベストになりました。

編み方p.98／作品解説p.60

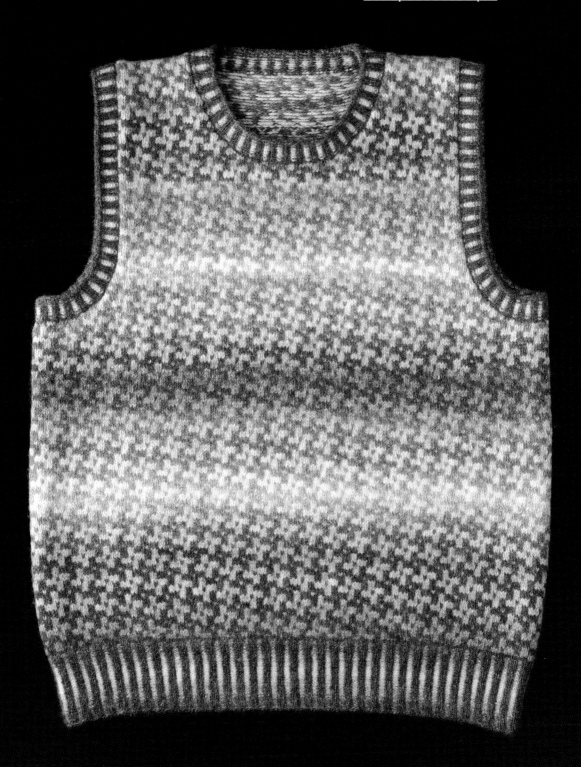

# Ophelia
〔Homage to Åse Lund Jensen〕
オフィーリア〔オーセさんの小花〕

イサガー社の創始者でデザイナーでもあった、故オーセ・ルンド・イェンセンさんの古いパターン帳の中に収められた小花のパターンから、許可を得てオマージュとして。前後身頃の両脇にスティーク（切り代）を含め、輪に編み、肩をはいだ後、両脇を切ってゴム編みをつけるデザイン。好みで、前後身頃の脇をどこまでとじ合わせるかで表情に変化をつけることも可能です。

編み方p.100／作品解説p.60

子供っぽくなり過ぎないように、また、森の奥深くで
ひっそりと咲く秘密の花園のようなイメージに。印象
派のような色のニュアンスを出したく、地糸と配色糸
の茎と葉の部分は、2本引きそろえて色を混ぜていま
すが、花は編み地全体の調和を吟味して1本どりに。

# Arabesque
## アラベスク

唐草模様を縦に配し、立体的に際立たせるようにかのこ編みで溝をつけました。できるだけきれいに体のラインに収まるように、減目位置に工夫をしてAラインに。肩で柄をつなぐため、肩下りはありませんが、アームホールの長さと、それに合わせる袖山の長さを、メソッドとは逆の発想を用い、肩線が袖山になだらかに接続するようしています。

編み方p.90／作品解説p.60

ボルドー系の中で好きな色、パープルヘイズとダマスク。様々な色が混ざり合ってできた色には、虫眼鏡で覗きたくなるような愛おしい世界があり、遠目で見ても、その色の深さは必ず息づいているようです。

# Rondo
ロンド

ウールにアルパカやモヘアの素材を加え、柔らかで温かく、表情豊かな編み地と色に。地糸には、甘い茶色に鈍いパープルを添え、茎と葉は、より立体感を出したく、少し対比のある2色で編んでいます。

小さなユリの紋章のように現れるパターンを見て小花を連想し、茎と葉をつけて花畑のように。また、ブーケのようなイメージで丸ヨークに収めました。すべり目を使ったパターンですが、各柄の始めの2段のみフェアアイルで編みます。背中心では、'柄'と'柄と柄の間'が交互にバランスよく並ぶよう計算して配置し、ラグラン線とヨークの接続にあたる三角形の部分は、輪針で往復に、順を追って編み進めると、針や目を入れ替えることなく次々と編み上がる仕組みに。ベレーは、ウェアのヨーク部分の展開として増減目で形を作っています。

編み方p.104／作品解説p.61

# Eclogue
エクローグ

デンマークの田園で過ごした時の、忘れられない一場面を切り取って。裏で糸を渡す編込みなので、鳥は横一列に並ぶのがセオリーですが、それではおもしろみに欠けるので、ランダムな配置に。また、エンドレスに群れ飛ぶ様を表現したく、丸ヨークにしました。規則正しい連続模様に見慣れている丸ヨークに、見たことのない新鮮さと驚きを加えて。楽しく編めるよう、ヨークへの接続部分に工夫を施しました。

編み方 p.110／作品解説 p.61

# Asa-no-Ha
## (Geometric Hemp-Leaf from Japanese Pattern)
### 麻の葉

日本の伝統柄を編み込んだ、モダンにも和にも見えるカシュクール。ヒップを覆う長めのAラインがすっきり見えるよう、リボンの結び目は高めに。前立てと裾はアイコードで一息に編み、衿ぐりは、まず一方のリボンを編み、そのまま衿ぐりに編みつけながら進み、最後にもう片方のリボンへと、こちらも一気に編みます。

編み方p.116／作品解説p.62

黒とチャコール色を引きそろえた墨のような控えめな混り具合の地糸に、スモーキーなピンクと素材の異なる薄いベージュを配色糸として、故意に柄と色をずらし、より陰影を与えました。素材にアルパカを含め、スタイルに合うとろみと落ち感に。

# フェアアイルのテクニック ～スティークのレッスン～

p.8「リボン」の縮小版を題材に、スティーク（切り代）のある作品の編み方をレッスンしましょう。
使用糸、針、ゲージ、編み進め方、袖ぐりと衿ぐりのゴム編みの編み方は、p.64～67参照。
＊忠実な再現を心がけ、プロセス撮影は著者自身の手もとで行なっています。はさみやとじ針を持つ際、左手を使用していますが、右利きのかたもやり方は同じです。ご理解ください。

- 前あきの場合は右前身頃から、前あきでない場合は左脇から編み始めます。
- 色替えで糸をつなぐ際は、編始め以外は、基本的に地糸は地糸どうし、配色糸は配色糸どうしを結びつなぎ、編む色は変わっても、常に2本（地糸と配色糸）で編むイメージで編み進めたほうが、色の変り目（段ずれ）位置の編み地が整いやすいです。

## スティークの作り目

● 裾から輪に編み、左脇の袖ぐり下まで編めたら、今まで編んできた地糸と配色糸を切り、結んでおきます。

**左脇（前身頃）**

1 左脇の編始めの位置から、8目（脇中心1目＋前身頃7目）を別糸で休み目にします。

2 スティークの1目め。片蝶結び（輪を作り糸を引き出す）を右針に作ります。

3 スティークの2目め。巻き目を作ります。

4 スティークの3～6目め。同様に巻き目を作ります。

5 すきまをあけず、続けて左前身頃を編みます。

**前衿ぐり**

6 前身頃中心の1目を別糸で休み目にします。

**右脇**

7 続けて12目巻き目を作ります。

8 すきまをあけず、続けて右前身頃を編みます。

9 15目（前身頃7目＋脇中心1目＋後ろ身頃7目）を別糸で休み目にします。

**左脇（後ろ身頃）**

10 続けて12目巻き目を作り、同様に、続けて後ろ身頃を編みます。

11 後ろ身頃から編んできたら、最後の7目（後ろ身頃）を別糸で休み目にします。

12 続けて6目巻き目を作り、1段めが編めました。

## 巻き目の作り目からの編出しと減目

左脇（前身頃）

13 配色糸（ベージュ）を地糸に結び、1目めは配色糸、2目めは地糸、と交互に編みます。5目めまで編みました。

14 6目めを編むときに、スティークが上になるように、地糸で身頃編み地と右上2目一度にします【身頃編み地側で1目減る】。

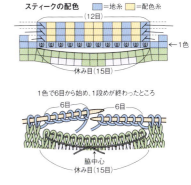

前衿ぐり

15 休み目の1目手前まで編み、最後の目とスティークの1目めを、地糸で身頃編み地と左上2目一度にします【身頃編み地側で1目減る】。続けて、配色糸、地糸と交互に編み、6目めと7目めは配色糸で編み、以降、色並びを反転させて地糸、配色糸と交互に編みます。12目めを編むときに、スティークが上になるように、地糸で身頃編み地と右上2目一度にします【身頃編み地側で1目減る】。

右脇

16 前衿ぐりと同様に、スティークの1目めを地糸で身頃編み地と左上2目一度、12目めを地糸で身頃編み地と右上2目一度、1目めと12目めは地糸、6目めと7目めは配色糸になるよう交互に編みます【身頃編み地両側で1目ずつ減る】。

左脇

17 前衿ぐり、右脇の始めの6目分と同様に、スティークの1目めを、地糸で身頃編み地と左上2目一度、続けて配色糸、地糸と交互に編み、2段めが編めました【身頃編み地側で1目減る】。

point
スティークの両端は地糸、交互に配色糸と地糸が並び、真ん中（6目めと7目め）は配色糸、減目はスティークの目が上になり、身頃編み地側で1目減ります。

前衿ぐり

右脇

左脇

18 前衿ぐりと袖ぐりのカーブが見えてきました。その後、減目なしで編み進めます。地糸だけの段では、スティークは1色のみで編むので、一旦縦縞は途絶えます。

19 この作品では引返し編みで肩下りをつけ、引抜きはぎにします。

20 身頃が編み上がりました。

## スティークを切る

- 切る前にスチームアイロンをかけると、紡毛糸の場合は繊維がからみ、ほどけにくくなります。
- まつる直前にもう一度切りそろえるので、この段階で、多少ほどけても問題ありません。

**21** 袖ぐりのスティークの6目めと7目めの間を、向う側を切らないように手を添えて切ります。

**22** 左脇の結び合わせた糸は、以後の作業がしやすいように切り落とします。

**23** 全部切り開いたところ。各スティークの作業ごとに切ることをおすすめしますが、ここではわかりやすいように全部切り開いています。

## 拾い目とゴム編み

**24** 袖ぐりの休み目を針に戻し、脇中心の目から拾い目を始めます。

**25** スティーク編始め位置のいちばん下の段の目に針を入れ、1目めを拾います。

**26** 減目をした段からは、2目一度で重なった下の目に針を入れて拾います。減目がないところは身頃編み地とスティークの目と目の間に針を入れて拾います。

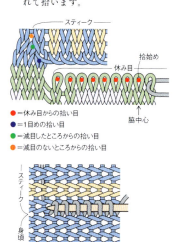

**27** 拾い終えたところ。
- 基本的に、全目(休み目)全段拾います。

**28** ゴム編みを編みます。同様に、衿ぐりも後ろ衿ぐり左側スティーク端から拾い始め、ゴム編みを編みます。

## スティークをまつる

**29** 6目のスティークの端2目分を切りそろえ、4目にします。以降、4目以上ほどけないように、一気に切らないで、まつりながら少しずつ切り進めます。

**30** とじ針に糸を通し、始めにスティークのいちばん下の段の目に針を入れます。糸端は15cm残しておきます。
●糸は地糸もしくは作品のメインの色糸、目立ちにくい色糸を使います。

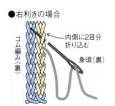

**31** 4目のうち、2目を内側に折り込み、ゴム編み側から2目めの身頃編み地側の半目を、すぐ下の編み地の裏目と一緒に、表にひびかないようにすくい、まつります。

**32** 同様にまつり進めます。すべての段の目にとじ針を入れてまつります。

**33** まつり始めと、まつり終わりの折返し口は、なだらかになるように2目程とじておきます。
●糸端は、編み地にくぐらせ結び、始末したスティークの中に通して1〜2回返し針をし、切ります。

**34** 左側・まつった後。右側・6目のスティークのままの状態。

**35** 出来上がり。左・p.8モデル着用サイズ。右・プロセス題材サイズ(5歳前後サイズ)。

## コツとアドバイス

- **スティークを使うテクニックに有効な糸** 編み地がほどけやすい糸や薄い編み地では表に影響しやすく、逆に太い糸や厚い編み地ではごろつきやすいので、いずれも考慮しましょう。
- **休み目は別糸に** 休み目とスティークの目数は、作品とその箇所によって様々で、その差があるほど、スティークの巻き目の作り目と編み地の休み目の境界は、反発し合います。専用の安全ピンに休めるのは、肩部分などでは有効ですが、別糸を使って休めるほうが負担が少なく、作業を続けるうえで邪魔になりません。仕上げで穴があきやすい箇所なので、巻き目の作り目と編み地の間は、すきまをあけずに糸を引き締めぎみに編みます。
- **衿ぐりの休み目の目数と始まりの段** この作品はVネックのため、1目の休み目ですが、丸首のときは目数が増えます。休み目の数が変わるだけで同様の方法で行ないます。また、袖ぐりと衿ぐりが同じ段として説明していますが、作品によって、衿ぐりの始まりが後の段になる場合があります。
- **2色で巻き目の作り目から始める場合** 総柄などでは、2色で巻き目を作る場合があります。その際、p.52 1〜4を参考に、1目めを配色糸、2目めを地糸で作り、3目めを配色糸で裏に1目分の糸を渡して巻き目で作り、4目めを地糸で裏に1目分の糸を渡して巻き目で作り、以降同様に作ります。
- **スティークの目数** 6目×2=12目が一般的な(切った後に多少ほどけても、まつるときに切りそろえる目数が残る)目数ですが、作品により多少ほどけやすい素材や後の作業を考慮して、目数を変えても構いません。
- **スティークの減目位置** ここでの提案は、スティークの両端の目と編み地とをまたぐように、スティーク側を上にして2目一度にする方法です。それ以外に、いくつかの方法があり、大きく分けて、①スティークは減目なく12目編み、その両隣の編み地の端の2目で、向かって右側は左上2目一度に、左側は右上2目一度にする方法、②スティークは減目なく12目編み、その両隣の編み地の端の2目で、向かって右側は右上2目一度に、左側は左上2目一度にする方法、がありますが、どちらも減目位置が外側に残って見えてしまいます。また、①では、地糸と配色糸が取り交ぜて様々な色でラグラン線のように斜めに向かった目が残ることになり、②では、①のようなことはなく最後まで目の向きは上を向きますが、拾い目のときに、必要以上に境目が割れ、拾いやすい分、きれいな拾い出し部分になりにくく、編み地が安定しません。好みの方法でよいですが、ここでの提案は、上記のような比較によるものです。

(次ページに続く)

## コツとアドバイス

- **拾い目** 拾い目は全目全段拾うほうが、拾われた編み地の際がきれいです。目数の調整が必要な場合（減目など）は、次の段で行ないます。
- **拾い目の位置** 減目をした段からは、2目一度で重なった"下の目に"針を入れて、減目がないところは、身頃編み地側とスティークの"目と目の間に"針を入れて拾うことにより、減目でカーブのある部分では、段ごとに半目ずつ拾い目の位置がずれて拾えることになり、よりきれいな拾い際になります。また念のため、左右の拾い位置を確認し、柄の切れ位置が左右対称になっているか確認しましょう。
- **スティークの切りそろえた目数** ここでは6目の作り目を4目に切りそろえましたが、2目を内側に折り込むと、編み地の厚みで多少ごろつきます。使用糸の編み地の特性を考慮しつつ、慣れてきたら、3目半にしてもよいでしょう。
- **まつる糸** 長いスティークをまつる場合、特に紡毛糸では編み地とすれて抜け切れることがあります。様子を見て糸に撚りをかけながら、または、途中で新しい糸とつなぎ合わせてまつります。
- **まつる・前身頃と後ろ身頃** 半身頃分をまつり終えたら、肩を境にスティークの目の向きは、今までの向きとは逆になります。とじ針を使う手の向きに違和感を覚えるかもしれませんが、スティークのすくう位置と針の入れ方は変わりません。
- **身頃編み地のまつる位置** まつるとき、身頃の編み地側では、渡り糸をすくうと、糸がつれて表面の編み目にひびきます。裏目のループをすくうなど、安定した場所を探します。編み地からは割ってもよいので薄くすくい、スティークからは半目束（糸を割らず）にすくいます。すくう位置がスティークより離れすぎると、表面にパイピングのようなタックができ、逆にスティークに近すぎると、拾われた編み地の際の目がつれて見えます。適正な位置を見つけ、慣れるまでは表面からの表情を確認します。カーブがなくまっすぐな部分では、まつる位置が揺れないように、あらかじめ、編み地にそって導きのためのしつけ糸をつけ、それにそってまつってもよいでしょう。

## この本で使用した糸（実物大）

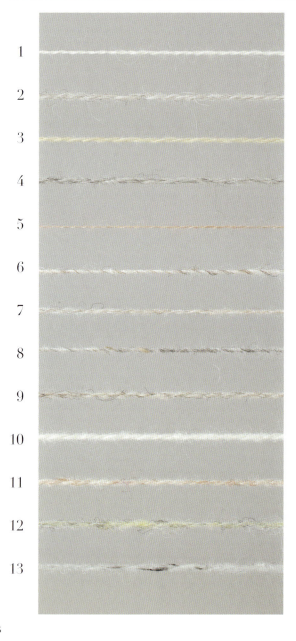

### イサガー（Isager）

1. アルパカ1（Alpaca1）
   [品質] アルパカ100%　[仕立て] 50g／400m
2. アルパカ2（Alpaca2）
   [品質] アルパカ50%、ウール50%　[仕立て] 50g／250m
3. ハイランドウール（Highland Wool）
   [品質] ウール100%　[仕立て] 50g／275m
4. メリリン（Merilin）
   [品質] ウール80%、リネン20%　[仕立て] 50g／208m
5. シルクモヘア（Silk Mohair）
   [品質] スーパーキッドモヘア75%、シルク25%
   [仕立て] 25g／212m
6. スピニ（Spinni）
   [品質] ウール100%　[仕立て] 100g／610m
7. トゥヴィニ（Tvinni）
   [品質] ウール100%　[仕立て] 100g／510m
8. ツイード（Tweed）
   [品質] ウール70%、モヘア30%　[仕立て] 50g／200m

### オステルヨートランド（Östergötlands Ullspinneri）

9. ヴィーシェ（Visjö）／オンブレ（Ombré）
   [品質] ウール100%　[仕立て] 100g／300m

### ジェイミソン&スミス（Jamieson&Smith）

10. スプリームジャンパーウェイト（Supreme Jumper Weight）
    [品質] 無染色シェットランドウール100%
    [仕立て] 50g／172m
11. 2プライジャンパーウェイト（2ply Jumper Weight）
    [品質] シェットランドウール100%
    [仕立て] 25g／115m

### ジェイミソンズ（Jamieson's）

12. スピンドリフト（Spindrift）
    [品質] シェットランドウール100%
    [仕立て] 25g／105m

### ローワン（Rowan）

13. フェルテッドツイード（Felted Tweed）
    [品質] ウール50%、アルパカ25%、ビスコース25%
    [仕立て] 50g／175m

# 作品解説〜作品によせて〜

## Slätter スロッテル　photo p.4-7

セテスダール・コフタ、またの名をルース・コフタと呼び、ノルウェーのセテスダール地方に伝わる代表的な民俗衣装のひとつ。黒地に白の点々が広がるルース（しらみ）模様が有名です。デザイン上のスタイルとして、幾つもの隠れたルールのようなものがあり、柄の選択こそ編み手の個性が出るけれど、手を加え過ぎたり、フォルムを変えたりし過ぎるのはあまり好みではありません。長い年月をかけて育まれてきた伝統ニットのスタイルを知れば知るほどに、行き着くところまで到達し昇華され、それがたとえシンプルなものでも、本源のみが持つ美しさが宿っているようで、安易に変化を加えることを必要としない強さ、拒みすらも感じます。伝統ニットの範疇を踏襲し、その制約の中で自分を出し切るというのも、全くのゼロから表現するのとは違うスリリングさと葛藤めいた高揚感があります。

以前に発表した同スタイルのセーターでは、従来の様式に倣い、無染色の黒と白を使いましたが、今回は、カントリー調から少し解放し、優しさを含みつつ少し都会的であるよう、染色された霜降りの黒とほんのり黄みがかった生成りを使いました。また、原型の多くはセーターですが、カーディガンに。そして、胴回りと腕回りに規則正しく並ぶ1目のルース模様を粉雪のようにグラデーションで消して黒無地を作り、より静かで洗練されたイメージになるように。決まった場所にはボーダーの編込みの模様を入れていますが、もともと男性用の民俗衣装だっただけに、多少無骨にも見える柄が多い中、できるだけフェミニンな柄を多く選び、時にデザインを加え、それぞれをバランスよくちりばめ、さらに、裾回り、胸回りに気持ちよく収まるように調整をしています。肩を大きく見せるため、ほぼ身幅と同じに肩幅を編むのが伝統のスタイルと言われており、やはり、袖が肩まであるデザインでは、本来の美しい素朴さから遠のくように思い、あえてドロップショルダーのままにしています。

輪に編み、後から身頃中心で切り開くテクニックを使い、前立てを編みつけ、その後スティーク（切り代）をかがります。しかし、メリヤス編み部分でその手法を使うと、編み地に厚みがないため、どうしても、まつった箇所にごろつきが出ます。そのため、メリヤス部分は往復編みで編み進めます。編込み部分が段々と疎になっていく1目の編込み模様の箇所では、徐々にゲージが変わるので、編み地を均一に保つために、様子を見ながら号数を替えていく必要があります。一般的に、前後身頃は同じ柄の配置になりますが、前あきのため、後ろ中心の柄は、前端では中途半端に切れてしまいます。どの柄もきれいに収まるように配置し、また肩はぎ位置で柄がつながるようにデザインしました。袖の編み始めは、シェットランドのフェアアイルでは身頃側から目を拾って編み始めますが、ここでのスタイルは、ルース模様の目が身頃と同じ向きにそろうように手首側から編み始めます。袖も輪に編むので、袖下の増し目位置では段ずれ（段の変わり目で柄がずれること）が起こりますが、この作品ではより美しく見えるよう、編み図に多少の工夫を加えました。前立ては幅が狭く、着脱の際に触れるところでもあるので、後々、伸びて見苦しくならないように気をつけたいところであり、よく収めるのが難しい箇所のひとつです。編み図の目数にかかわらず、多少つるくらいに編み、最終段の伏止めも伸びる必要のない部分として処理し、後から少し引っ張りぎみにスチームアイロンで整えます。

今は昔、ノルウェー民俗博物館にアポイントを取り、おびただしい数のセテスダール・コフタを資料庫で見せてもらう機会がありました。あれから随分と時間が流れましたが、伝統ニットという枠組みの中で、少しは自分らしさを見つけられたでしょうか。タイトルは、ノルウェーの作曲家、E・H・グリーグの曲名より。ノルウェーの農民舞曲の意。

## Ribbon リボン　photo p.8-10

刺繍の図案、特にクロス・ステッチなどでは縦横比が一対一なので、裏面で糸を渡すフェアアイルの編込みのゲージに近く、古くから相互に深いつながりがあります。とりわけボーダー柄や総柄では編込み模様に取り入れやすく、様々に応用されてきたことは、刺繍や編込みの古典的な図案集を見ると納得できます。古いデンマークの刺繍の図案集に収められていたリボンのモチーフを参考に、目数や形に変化を加え、様々な色違いのリボン柄のテープを縫いつないだように編込んでみました。

色合せについては、例えば余り糸を活用するなど、各自の好みでもよいと思いますが、色に色を重ねれば重ねるほどに、全体のバランスがとりにくくなります。色彩の基礎的な知識だけでは、理論に則ったごく一般的な色合せに陥りやすく、なぜか惹かれる、というような魅力的な色合いになりにくいことは理解できることです。時として、個人的には、美しいだけではなく、まるで綱渡りをしているかの如く、少しでも何かがずれると全体の調和がだめになるような、ぎりぎり一歩手前、というような色の組合せも好きです。色が決まっていれば、針を動かすことに集中すればよいのですが、それとは別に、ドキドキしながら色に悩み楽しむプロセスも、編み物の時間の一部ではないでしょうか。

輪に編み進めるので、肩はぎ位置では、最後のボーダー柄が前後身頃で2度繰り返されることになってしまい、せっかくの色のリズムが目立つ箇所で崩れてしまいます。上下対称の柄では、前後身頃を半分ずつ編み、肩で柄を合わせることも可能ですが、リボン柄には天地があるので、この方法は使えません。また、前身頃はリボンの下半分、後ろ身頃はリボンの上半分と編み分け、肩はぎをすることも可能ですが、天地のある柄の真ん中に、はぎ位置がくることは、多少なりとも無理がある仕上りになり、柄の向きが後ろ身頃に流れ、不自然になってしまうきらいがあります。そこで引返し編みで肩下りをつけ、前後身頃の肩はぎ位置でリボン柄がぴったり合うように編込みをデザインしたところ、通常のフェアアイルにはない、ちょっとしたチャームポイントになりました。比較的大きい一模様ですが、衿ぐりや袖ぐりの切れ位置では、できるだけきれいに柄が収まるように調整しています。また、肩幅を少し広めにとり、腕のつけ根にかけて丸みを帯びながら覆うことで、女性らしい柔らかさが出るようにデザインしました。それを活かすためには、袖ぐりのゴム編みを多少絞りぎみに収める気持ちが大切です。

糸渡りが長くなるところは、裏面で渡り糸をはさみ込む方法で編み進めますが、柄が規則正しく並ぶ場合は、はさみ込む場所も常

に同じ位置にそろえたほうが、編み地がよりきれいに整います。肩の引返し編みの手前まではすべて輪に編みます。肩の引返し編みは、一般的な方法では、左右の肩で1段ずれますが、ここでは柄をぴったり合わせるために、前後身頃共に、左右それぞれ全くの対称に編み進めます。

リボン柄のようなポピュラーな永遠のモチーフは、得てして子供っぽくなりがちで、加えてたくさんの色を入れたので、却ってデザインや配色が難しく、ひとつの小さな挑戦でしたが、いつまでもかわいさを秘めた女性に似合えばと思います。

## Carnation カーネーション　　photo p.11-14

スウェーデンのヘルシングランド博物館所蔵のオーヴァンオーケル地方のセーターを見たのは随分前のことで、手もとに資料の写真が1枚だけ残っています。その男性用のセーターは、カーネーションのような曲線的な柄と、幾何学的かつ直線的な柄の2種類のモチーフがネガポジで編み込まれた思い切った構図で、それらのバランスがとても美しく、長い間一度編んでみたいと温めていたものでした。その袖は、肩を覆うところまで別に編んで、大胆に身頃にかがりつけてあり、ロットも多少違っていました。どう考えても、身頃と袖の接続が不思議に見えるのですが、これは、袖はニットの編込み地、身頃はウール地という、その地域の民俗衣装がもとで、何らかの理由で、身頃を後から編み、もとの袖と合体させた、と捉えるのが自然です。確かに、それらの民俗衣装のニット地でできた袖の、肩への接合箇所は、そのセーターと全く同じ形をしています。日本でも野良着を継ぎはぎし、幾度も針を刺し、再生させ大切に着続けられた営みを考えると、これもまたそれに似た、生活の中から生まれ出た愛しき行為ではないかと思われます。

この昔の名もなき作者が素晴らしいのは、もともとある袖の柄で身頃を編まなかったことでしょう。袖は模様を市松状に配し、身頃は縦柄ですっきりと、また、袖と身頃の一模様の目数と段数を違えている上に、それぞれの柄がなんらかのバリエーションとして共存していて、絶妙にすべてのバランスが気持ちよく整えられている感性には、驚くばかりです。しかし残念なことに、グラフに写し取る作業の中で、セーターの形の中に、ぴったりと柄が収まっているわけではなく、多少行き当りばったりに柄が切れていたり、無理に辻褄を合わせようと試みたところもあり、滞りなく美しい配置になるように随分と悩み修正を加えました。フェアアイルのような編込み模様の場合、柄がきれいに収まることが美しさのひとつとされている中で、確かに大きな柄は処理しにくく、この作者の悩みを、我が事の如く、また同志のように理解することができます。

袖下には、カーネーションの柄を壊すことなく、大きな三角のまちが編み込まれているのも特筆すべき点です。製図で書くと、あっけないほど簡単な図になるのに、このセーターの大きなデザインポイントになっていることは、単純な構造なのに美しいという、伝統ニットならではの魅力のひとつではないでしょうか。手もとにある写真には、その箇所が一部しか写っておらず、見えている部分から推測するに、また、全体のバランスから考慮するとこうなるのでは、という私の思いが入っています。原型からの再構築なので、もとの作品と違っていても構わないわけですが、いつか機会があれば、答え合わせに訪れてみたいと思っています。これだけのデザインができる、いにしえの作者ですから、はっとするようなことが隠されているかもしれません。

色は、スウェーデンの素朴な古い家にも見られるような、赤褐色を取り入れたく、また、デザインがはっきりしている上に、線ではなく面で表現された部分が多いので、敢えてコントラストを効かせ過ぎないように、無染色の黒を合わせました。多色使いの難しさとはまた違い、いくらかの分量に偏りがあれば、まとまりやすいのですが、五分五分の割合で2色というのも別の難しさがあります。たとえば紅白幕や国旗のように、アピールする力がとても強いので、ともするとデザインを台無しにしてしまう危険性をはらんでいるからです。

カーネーションというタイトルは、私にはそう見えたからという理由で、どの植物に見立てていただいてもよいのですが、ある書に、ヴィクトリア時代頃の手工芸には、バラやユリが好まれていたが、後に、チューリップやカーネーションなどがヨーロッパにもたらされ、人々の関心の高さがそのまま図柄に取り入れられた、と記してあり、時代推定からもそうではないか、と考えています。

原型では肩と手首に編み込まれていた小さな柄を、僅かに変化を加えて配置しました。不思議なモチーフで、何を意味しているのか見当がつきませんでしたが、袖が先に編まれたことを考えると、身頃の直線的な大柄のモチーフは、手首の柄のバリエーションとも考えられます。作品を手もとで編み進めるにつれ、羽を広げた天使にも見え、日本にも吉祥文様や割付文様などがあるように、伝統ニットにも願いや宗教的な意味合いが込められていることが非常に多くあります。もしかすると、と思いますが、これまた作者の意図は謎のままです。

この作品では、どちらの色も、配色糸、地糸になり得るネガポジのデザインなので、2本の糸で編み込むそれぞれの力加減が限りなく同じでなくては、きれいに柄が見えるところと、そうでないところの差が出てしまいます。2本の糸の引き加減のバランスに配慮することが、編み地全体を美しく仕上げる大切なポイントのひとつです。

## Laima ライマ　　photo p.15-19

はじめにミトンを編みました。広く知られているように、バルト三国のひとつ、ラトビアは特にミトンが有名で、その編込み模様の種類は膨大です。加えて地方により、様々な技法が駆使され、特に手首回りなどに彩りを添えていることも魅力です。選ぶのに迷うほどの中から、他とは一線を画すデザインで、初めて見た時からずっと惹きつけられてきたヴェンツピルス地方ピルテナ村に伝わる柄で作品群をまとめました。

一般的なサイズのミトンを、一般的なゲージで、ぴったりと柄が配置されるようにデザインをして、まず一双。それを編み上げると、どうしても原型の目数で編んでみたく、一双めと同じ糸を細い針で編み、二双め。原型は、指先部分が多少残念に思える柄の切れ方になっていたので、より美しくなるように修正を加え、親指も、どこから見てもぴったりと柄がはまり、本体につながるように再構成しています。二双めは、編み地が幾分硬くなりましたが、もともと厳寒の地で使用されている本来のミトンは、現地で見ても、土産物屋で売っているものよりも緻密に編まれしっかりしています。また、大きいサイズが多いのは、まずぴったりした革の手袋をはめ、その上からミトンで覆うためと聞いたことがあります。装飾的な目的だけでなく、まず実用性にも優れているという、暮しと緊密に結びついている中から生まれ出たものの美しさに、日本の民芸にも通ずる概念を感じ、魅了されます。

ウェアにアレンジするにあたり、全体のバランスを考慮して、前身頃のみに編込み柄を配置しました。左右の前身頃は別々に2枚編むのではなく、前立て側と脇側にスティーク（切り代）部分を含めて、前身頃のみを肩の引返し編みの手前まで輪で編みます。

肩の引返し編みは、柄行きをきれいに収めるために、左右それぞれ全くの対称に編み進め、編み上がった後、スティークを切れば、左右身頃が同時にでき上がる仕組みです。
ミトンの指先の斜辺を模して、できるだけ柄を美しくはめ込みたかったので、衿あきを小さめにし、肩も一般的な製図の肩下りよりも角度がついています。それと同時に、特徴的な編込み模様のため、どうしても全体的に膨張して見えるのを緩和させたく、少しでも編込み部分の面積を小さく見せる必要性を感じました。そこで、肩下りの角度を逆に活かし、後ろ身頃が前身頃を多少覆うようにまとめたことで、肩があまり張って見えないよう工夫をしました。それゆえ、前後身頃のアームホールの高さが違い、袖山中心と前後身頃の肩はぎ位置がずれるので、袖つけの際には注意が必要です。縁編みは、ミトンの手首部分の編込み模様を使用して、前立てと裾の角も柄が合うように収めています。
編込みのミトン、手袋を編むと、どうしても目数のゲージが出ず、細く縦長になってしまう例を見かけます。提示のゲージの目数がゆるいわけではなく、何を編むにも同じテンションで編み込んでいるのが要因ではないでしょうか。ウェア類を輪に編む場合と、小物類を輪に編む場合では、輪の大きさが違います。編み地の表面と糸の渡っている裏面には、外周と内周の関係があり、小さな輪になればなるほど、その差が明瞭に現れます。常にどれくらいの輪を編んでいるか、そこからどれくらいのテンションで編むべきかを考えるべきで、小さな輪になるほど、裏面の渡り糸は最短距離で内周のカーブを曲がろうとするので、また、それらが常に裏面に起こっているための現象と考えられます。併せて、この作品のように、3色を編み込む段があるということは、渡り糸も多くなるということで、引きつれる度合いも増すことになります。小さな輪を編む際は、テンションの加減を確かめながら編み進めることが肝要です。
タイトルは、バルト神話に登場する女神の名前から、またラトビアの老舗菓子店の名でもあることから、チョコレートやキャンディを連想する色で編み込みました。編込み模様のパターンに、より奥行きを持たせたく、ピンクは色味の違う2色を使っています。

## Canon カノン  photo p.20 23

コペンハーゲンのホテル、上階の窓際に席を取り、よいアイデアはないものかとチボリ公園を眺めつつ朝食を摂っていた折、ふと室内に目を移した時にとまった間仕切りのタペストリーがありました。その時の記憶が頭の片隅にずっと残っていたようで、最終的にはその織布とは色も質感も全く違うものになりましたが、それがデザインのはじまりでした。
方眼グラフの上でパターンを模索する際、正方形とひし形が正しく現れるように、また、どちらにも偏りがなく、均等に配置できるよう、目数の比率を確かめたりもします。その後、パターン自体の大きさはどれくらいであれば、体にまとった時にバランスがよいか、ゲージを考慮しつつ幾つかのサイズ違いを記し、それぞれの試し編みをしながら、着やすく、肌に優しく、柔らかなドレープ感も求めて、様々な素材と色を掛け合わせていきます。さらに、素肌に着てもよく、またその際、首のあきがきれいに見えるように広めのボートネックにし、柄がくどくなり過ぎないよう6分袖ほどの分量がよいのではと、色々なプロセスが混然一体となってイメージがまとまっていきます。どの作品においても、パターンとそれが占める割合、配色と素材感、フォルム、それらすべてのバランスが大切で、特にシンプルなものほどごまかしが利きません。あれこれ素材を引きそろえて編み込むうちに、微妙な色の混り具合と質感、また、シルク、モヘア、アルパカ、リネン、ウールが合わさり、イメージの中で求めていたラグジュアリーな風合いになったと思います。シンプルだからこそ、細部にも配慮したことを残したく、縦横対称の総柄のパターンを活かし、前後身頃の肩と袖の接続部分では、滞りなく柄がつながるようにデザインしました。
均整のとれたパターンは、どこにどこを重ねても同じで、すべてが調和し合っている、そんなところから、カノンと呼ぶことにしました。どちらの色も主役になり得るこのデザインは、それぞれを配色糸、地糸とは呼ばず、編み地が美しく整うように、編み込む時の2本の糸のテンションが同じになるように気をつけて編みます。
リズミカルにも見えるパターンですが、帰するところ私が編み込んだ色は、どこかでそれを留めておきたかった色。デンマークのユトランド半島、北海を望む見渡す限りの誰もいない砂浜で、真夜中近くにやっと白夜の太陽が日没を迎えた後、ほんのわずかな瞬間、突然あたり一面が今までに見たことのない色の世界へと誘い、たとえようのない不思議な空間に包まれた、昼のものも、夜のものも、息をひそめる一時。その時の海の色と空の色。

## Stamps スタンプス〔切手〕  photo p.24 27

フェアアイルの編込みは1段に2色使うことが通例で、配色糸か地糸かのどちらかが必ず表面に出ることになるので、どうしても横縞に色が強調されることは当然のことですが、何か新しさをプラスしたく、各段に地糸を2色使い、モザイク模様のようにしてみました。ひとつひとつのモチーフの大きさが、まるで切手を並べたようで、スタンプスと呼ぶことに。編み地の表情がより複雑に見え、奥行きが出せた半面、通常のフェアアイルの色合せには慣れているものの、地糸を同時に2色使うとなると、それが一気に難しくなります。地糸が小刻みに変わることを踏まえ、派手になり過ぎないように、はじめにある程度色のトーンを整え、準備してから編み込む色を決めるのですが、最終的な編み地の総面積の中で多くの色の均整をとるには、地糸が2色ある分、同時に並行して関連性のある2枚分のフェアアイルの色決めをするようだと感じました。色をたくさん入れていけば何となくまとまってくる、というのは私にとっては疑わしく――何をもって'色がまとまる'と言うか、ということに立ち返ることにもなるけれど――色を掛け合わすほどに窮地に追い込まれる思いでした。ここではそれのひとつの回避法として、あからさまに捉えられない、もしくは捉えにくい色の配置の法則を'仕掛け'としてバランスを整えていて、色合せが難しくなればなるほど、その仕掛けが複数要ることも学びました。指定の通りの色に編む、その'指定'を決める時間は、編む時間に比べ、随分多くかかっています。
編込み模様はパターンと色の掛け合せの妙ですが、配色を決める前の素材選びの段階で、希望の風合いと共に色味を見極める必要があり、この段階で選択がうまくいっていないと後々も理想には近づきにくく、言い換えれば、色を合わせる前に単色で見ても、色や質感に表情がないと、編み込んでも奥深さは出にくいのではと思います。
肩でも柄を合わせたかったので、肩下りはつけないデザインにしました。前後身頃を同じ柄の配置で輪に編み進め、肩で柄を合わせるため最後の柄を半分ずつ編み、柄の真ん中ではぐ方法もありますが、模様の段数が少ない場合は、肩で合う目の向きを考えるとあまり美しくなく、好みではありません。ここでは、柄と柄の間で肩はぎができるよう、また地糸を2色で市松状にしたことにより、前後身頃の色柄の配置は互い違いになっています。また、少しでもシルエットがきれいに見えるように、袖ぐりのカーブを

前後身頃で若干変えています。
1段に編み込む本数が多くなれば尚更、編み地が波打ちやすく、裏面に渡す糸の引き具合が難しくなります。それに加え、このパターンの場合、地糸どうしの色替え位置が縦に同じ位置になっているので、よほど気をつけないとフラットな美しい編み地になりにくく、常に気配りが必要です。
小さな四角の中の小花のようなモチーフは、中心1目を別の色にしているので、その段は4本を編み込むことになります。この1目の配色を省き、3色で編み込むこともできますが、一気に奥行きがなくなります。こんな小さなことなのに、と思うような、どうでもよいようなひと手間をかけるのが好きです。後から振り返ると、どうでもよくなかった、と気づくことがあるからです。

## Windmill ウィンドミル〔風車〕 photo p.28 '31

シンプルな千鳥格子のパターンを編んでみたく、デザイン帳に幾つかのバリエーションを書いていた時に生まれた柄。一般的なパターンのように縦横にすっきりとは並んでおらず、少しずつずれているのがおもしろいところで、一模様が50目×50段のリピートになります。一模様が大きくなるほど、希望の寸法や面積に対し、柄のはめ込みや柄合せの調整が難しくなります。柄がずれていくパターンに加え、リピートの目数と段数がとても多いので、さすがに肩では柄は合わせられないだろうと思いつつも、試行錯誤したところ、25段ごとでは可能であることが判明しました。因って、この作品では、身幅が150目、丈は175段と、とてもシンプルな数になっています。
柄が横並びではないので、一般的なフェアアイルのボーダー柄の色の入れ方では、色とパターンの調和がとりにくく、逆にすべてを2色で編み込むと、せっかくの柄のずれが分かりにくくなります。強調し過ぎることなく、さりげなくパターンの特徴を表現できるよう、段染めの糸を使いました。段染めの糸は、糸に任せて色味の変化を楽しんでもよいのですが、このあたりでこうなっていてほしい、というイメージがある場合は、糸を切り、色味の段差が出ないように結び合わせて、希望の色の出具合に変えたりします。手を加えていない無染色の、羊毛独自の優しい色のグラデーションだからなのか、水墨画にも似た静かな色の奥行きがあり、そこに上質な風合いが掛け合わさり、シンプルながらも上品で着回しの利くベストになりました。
最近訪れた北欧で、飛行機や車から、緑の大地に無数の風力発電の風車がおもちゃのように回っていた景色も壮観でしたが、デンマークの田園では、そよ風に波打ちたなびく見渡す限りの草原の中に、ぽつんと風車小屋があり、初夏の抜けるような青い空をバックに、大きな白い羽根をゆっくりと雄大に動かす姿と、それらを囲む風景や風の匂いは、いつの間にか、慌ただしさの中で忘れかけていた大切なことを思い出させ、癒されてゆく美しいモノクロの思い出となりました。

## Ophelia〔Homage to Åse Lund Jensen〕
## オフィーリア〔オーセさんの小花〕
photo p.32 '35

小さな花の模様を編み込みたくて、あれこれデザインをしていましたが、目数が少ないので変化がつけにくく、どれもこれもどこかで見たようなパターンになりがちでした。イサガー社の創始者でデザイナーでもあった、故オーセ・ルンド・イェンセンさんの古いパターン帳を見せていただいた時に、なんともかわいい小花を見つけました。継承者でありデザイナーでもある、マリアンネ・イサガーさんにパターンの使用の許可を求めたところ、あなたの色とスタイルで是非やってみて、どんな風になるのかすごく楽しみ、と快諾してくれました。
かわいいパターンなので子供っぽくなり過ぎないように、また、森の奥深くでひっそりと咲く秘密の花園のようなイメージ、印象派のような色のニュアンスを出したく、地糸と配色糸の葉と茎の部分は、色を混ぜています。それぞれ2本引きそろえなので、花の部分も2本どりにすべきと思われますが、そうしてみたところ、微妙に花の部分に主張があり過ぎて、またしてもありがちな子供っぽさが出てしまうきらいあり、花の部分のみ1本どりで編んでいます。ちょっとした風合いの違いや目の詰まり具合のことですが、連続模様になると、その差は歴然です。同時に、きれいな花を想像してそれらの色を持ってくると、おもちゃのようになってしまい、また、目玉のように目立ち過ぎて全体の色とパターンの調和を壊してしまいます。アームウォーマーで配置したパターンはオーセさんのオリジナルですが、ベストでは裾で茎を長くデザインしたものを入れ、徐々に短く、その後、パターンの隙間（段数）を少しずつあけて疎にしました。衿もとはすっきりメリヤス編み地にしたので、肩の引返し編みも楽です。
編み込み部分は、両脇にスティーク（切り代）をつけて輪に編み、肩はぎの後、両脇をすべて切り、ゴム編みを編むというおもしろい編み進み方とデザインになっています。前後身頃の脇をどこまでとじ合わせるかで表情に変化をつけることも可能で、アームホールを大きくとることで、ブラウスの袖の分量とのコンビネーションでも楽しめ、着こなしの幅が広がるのではと思います。
一般的に、フェアアイルの柄は、途中で切れることなく、切りよく収まるほうが美しいということは周知の通りですが、このデザインの場合では、脇のカーブ部分は、わざと柄を中途半端に切っています。地糸の色が変わる場合は、脇と後から編みつけるゴム編みとの境目がはっきりしますが、この作品は、編み込み部分の地糸もゴム編み部分も、色替えがなく同色なので、柄を切りよくはめ込むと、編み込み部分の面積がより少なく見えてしまい、貧弱なバランスに陥る危険性があり、柄が途中で切れたとしても、ここまでが編み込み地、ここからがゴム編み、という境目を強調したほうが、脇のカーブ部分やゴム編みがついているおもしろさがより伝わるのではと考えたからです。

## Arabesque アラベスク photo p.36 '39

唐草の編み込み模様は、折に触れてパターン帳などでも見かけ好きな柄のひとつです。北欧では縦柄として、またシェットランドのフェアアイルでは横柄にして、それぞれうまく取り入れられているな、と感心します。どこが発祥のものかは定かではないのですが、今とは比べられないほど伝達手段が乏しかった時代に、国境を越えて情報が手から手へと渡り、それぞれが魅了され、古い作品やパターン帳が残っていることから想像するに、昔の人は、今より新しいパターンやテクニックに対し、素直に大きな驚きや共感があり、自分なりのものにしてみようという想いが強く深かったのではと思います。瞬時に大量の情報を入手して、上澄みだけを見、感じて分かっている気になっている自身を時として恥ずのは、こういう時です。
唐草模様はパターン帳により、柄が微妙に違ったり、一模様の大きさ自体が違っていたりするので、自分なりの好みに変化を加えています。フェアアイルの編込みのテクニックなので糸は裏面で横に渡りますが、縦柄の模様を立体的に際立たせるように、模様の間にかのこ編み地を入れて溝をつけ、その部分で減目をして裾

広がりのラインを作っています。分散減目で、規則的にある段でまとめて減目をしてもよいのですが、それでは全くの円錐形になってしまいます。また、脇線で減目をすると柄が不自然に切れ、厚みのない平らな形になってしまい、これだけの分量のあるパターンとフォルムの中では美しい方法とは言えません。胸やヒップがあるとはいえ、体は肩の方向に幅があるので、できるだけきれいに体のラインに収まり、着た時に太って見えにくく、なおかつ柄がきれいにはめ込まれるように、減目の位置にあまり見かけない工夫をしています。

一方向に流れる柄ですが、肩できれいに柄を合わせることができたので、肩下りのない肩にセットインスリーブの袖をつけています。やや強引に思える接続ですが、衿ぐりを広くとったことで肩幅が狭くなったことを逆に活かし、肩が張って見えないよう、身頃のアームホールの長さと、それに合わせる袖山の長さは、一般的なやり方とは逆に、袖山の長さのほうを小さくし、多少袖側へつらせて肩線がなだらかに袖に接続するようにしています。

衿ぐりは前後差をつけましたが、座ることが繰り返されるヒップ回りの編み地の後々のコンディションを考え、前後身頃共にどちらが前でどちらが後になってもよいようにデザインしています。また、前後の衿ぐりの高さを好みで変えてもよいと思います。袖は、植物柄と相応するように、ラッパ袖にし、減目部分も身頃と同じ減目方法を用い、柄が切れないようにしています。

タイトルは、唐草模様の意と共に、装飾的な意味や形式を示す音楽用語のひとつから。色はボルドー系の中で好きな色、パープルヘイズとダマスク。虹色のように、様々な色が混ざり合ってできたひとつの色には、虫眼鏡で覗いてみたくなるような愛おしい世界があり、逆に遠目で見ても、その色の深さは必ず息づいているように見えます。撚りを多めにかけ、つるりとしていて目がそろいやすく、また、化学繊維を混ぜて扱いやすい糸が持て囃されている昨今ですが、私はそれら'新種'よりも'原種'に近いような素朴な糸が好きです。長年変わらずに作られている糸は、改良することも廃番にすることも必要のない確固たる理由があり、手に取り、また編んでみて納得という、糸に託すような安堵感に包まれるからかもしれません。

## Rondo ロンド       photo p.40 43

ガーター編みをベースに、すべり目を多用する種々の模様はパターン帳でもなじみ深いものですが、それらは同じ操作でも、色の入れ方によって、見え方が様々に変化するところにもおもしろさがあります。小さなユリの紋章のように現れるパターンを見て小花を連想し、茎と葉をつけて花畑のようにとデザインしてみました。

もとになる編み地は、基本的に2段ごとに色を変えますが、すべり目にしながら常に1色で編むので、フェアアイルの編込みのテクニックではなく、すべり目にするので裏面に糸が渡る、という原理です。それだけでは、思い描いたように、地面から茎が出ているようには見えなかったため、各柄の始まりの2段分のみに、2色で編み込むフェアアイルで編んだところ、イメージ通りになりました。その後、花と花との隙間のバランスを吟味し、すべり目の数と位置を調整して決めた編み地は、もとになった編み地のパターンからは随分と違ったものになっていました。まっすぐに横並びでもよいのですが、少し趣向を凝らし、ブーケのようなイメージから丸ヨークにし、アクセントとして裾と手首に1列のみ模様編みを施しています。また、模様編み部分はガーター編みがベースになるので、往復編みのほうが、常に表目で編めることに配慮し、カーディガンにデザインしてみました。

ヨーク部分は、基本的には分散減目の考え方ですが、背中心で、柄がランダムにずれて配置されているのは非常に見苦しく、さりとて、これだけの小さな繰返しの柄が、背中心にずらりと縦に並ぶことも、逆に背中心で柄と柄の間になるところが並ぶことも、配置の美しさの妙からかけ離れると思いました。減目の計算には多少の時間を要しましたが、背中心から両前立て側に、でき得る限り完全対称である上に、背中心には'柄'と'柄と柄の間'が交互に並ぶように配置しています。

ヨークへの身頃と袖の接続部分は、まっすぐに編み終えるスクエア型のものが簡単で好まれますが、製図上で、ラグラン線部分とヨークの接続部分をカーブで編むものと比べると、驚くほど面積的に足りない部分、もしくは余分な部分があり、ニットの伸縮性のある編み地の特性を活かしたものであるとはいえ、随分と簡易式にまとまっていて、それなりに着心地も変わってきます。技量に応じて、スクエア型に変更して編んでも構いませんが、製図を読み解きながら、あちらこちらの不規則な減目をし、カーブに編んでいくには不安や煩わしさがつきまとうことを考慮して、他作品と同様に、それらの部分の編み図をすべて記載しました。また、通常、前後身頃を別々で編み、後からとじ合わせる手間を考え、前後身頃は長い輪針を使い、往復編みで1枚に編み進めるようにし、ラグラン線とヨークの接続で形作る三角形の各編み地部分は、順を追って編み進んでいくと、編む方向や順序のために針を入れ替えたり、目を移すことなく、ひとつ、またひとつ、と編み上がり、それぞれのパーツも限りなく左右対称になるようにしました。なぜカーブ部分でこの方法が今までなかったのか、と思うと同時に、一気に厄介な箇所が次々とでき上がり、針から外れていくのは、素直に楽しいものでした。

小さな柄が繰り返される様、規則正しく輪に並んだ様から、ロンドとしました。

## Eclogue エクローグ       photo p.44 46

デンマークの田園の中で過ごした時の、忘れられない一場面を切り取って。花々が咲き乱れる草原の向うには森が見え、その向うには北海、そして空、目の前いっぱいに広がる平行線だけの景色。聞こえるのは風の音。群れ飛ぶ鳥はどこへ向かうのでしょうか。何もないという贅沢な空間に魅了され一人佇み、様々なことに追われ思い悩む日々の中で、じっと野の花や空の鳥に目をとめるゆとりを失っていたことを思い出し、時間を忘れて大自然と向い合っているうちに、思い煩わし疲れ切った心は安らぎに満たされていきました。

裏面で糸を渡すフェアアイルの編込みなので、鳥のパターンは横一列にリピートさせて配置するのが自然の成り行きですが、それではおもしろみに欠けるので、ランダムな配置にし、エンドレスに途切れることなく群れ飛ぶ様を表現したく、丸ヨークにしました。丸ヨークのデザインは、通常、何分割かにした連続模様の繰返しで形作られますが、ここでの場合は、そのメソッドは通用しません。ごく簡単に順序を説明すると、すべての製図を取った後に、ゲージ通りの実寸グラフを用意し、仮の分割数を決めてヨーク部分の編み図の輪郭を作り、切りばりをして立体に組み立てトルソーに乗せ、鳥のパターンの配置を決めます。さらに、再び編み図をばらして平面に戻し、鳥のパターンにぶつからないように分割線をずらし、その分の歪みや目数などを細かく調整しますが、これを強引に行なうと、規則正しい分散減目ではないので、きれいな円錐形になりません。このようなデザインのやり方は初めてで、他でも見かけたことがありませんでした。真新しい表現がまた生まれた、と私自身嬉しく、また、見たことのない丸ヨー

クのデザインに、新鮮な驚きと楽しさを感じていただければと思います。

ヨークへの身頃と袖の接続部分については、前作の'ロンド'でも詳しく述べましたが、両脇のとじはぎの手間を減らすために輪に編み、その流れのまま、ラグラン線とヨークの接続にあたる三角形の各編み地部分を、順を追いながら編み進めます。輪針を使えば、身頃の最後の三角形を編むまでは、編む方向や順序のために針を入れ替えたり、目を移したりすることなく編み進めるようになっており、ひとつ、またひとつと編み終えていきます。

ヨークの始まりの部分と、裾と手首に木々の編込みを入れました。ヨーク部分では、木々の間から北海の海がかすかに見えています。海の表情である少量の色糸を省いてもよいですが、この部分は、メリヤス編みの身頃とヨークの接続部分をなだらかに見せる役割にもなっています。海の部分に使った糸の色名は、North Sea（北海）そのものの名。鳥のパターンは皆同じではなく、くちばしや羽の長さがほんの僅かに違います。裾と手首の木々の下とゴム編み部分は、できるだけ平面的にならないように、濃いグリーンからこげ茶に替えて、全体を分からない程度に引き締めています。

写実的な色柄の編込みの場合、糸選びを間違うと、ともするとチープな印象になり、また幼くなりがちです。モヘアを含めて柔らかく上質なツイードの風合いに加え、表情のある奥深い色味を持つ糸であることで、それらを回避しています。

この作品に取り入れた風景のごく近い場所に、使用した糸メーカーのイサガーの本社がありました。近辺で採れる草花から草木染めをし、それらの色を模して製品の色を決めていると聞きましたが、風景の中で見た色、そのものの色が見本帳にも含まれており、身近な環境の中から色出しされ生まれたのだと実感しましたし、それゆえに、この作品のイメージが決まってからは、色選びに迷うことはありませんでした。

タイトルは、イギリスの作曲家、G・フィンジの曲名より。

## Asa-no-Ha 麻の葉 photo p.47-50

伝統ニットに伝統柄があるように、日本にも和柄があります。染めや織りの柄、こぎんや刺し子など、それらの多くは、祝いの柄、縁起のよい柄、願いが込められている柄などで、伝統ニットの柄と同じ想いを含んでいます。海外に住んだ経験から、離れて日本を見る機会を得、日本の伝統工芸や民芸、古いものなどの手仕事にも、歳を重ねるにつれ、より興味を持つようになりました。数ある和柄の中から'麻の葉模様'を編み込むことにしました。フォルムは、モダンにも和テイストにも見えるよう、カシュクール風に打合せのあるものにし、ヒップを覆うように少し長めの丈のAラインに、その分膨張して見えないように、リボンの結び位置を高めにしています。

まず、グラフに柄をデザインするところから始まりますが、麻の葉をあちらこちら探してみても、編み地の図案としては見つかりませんでした。フェアアイルの編込みの場合、縦横のゲージが方眼グラフに近いので、雪や星柄に代表されるエイトスターなど、4の倍数の模様はデザインしやすいのですが、60度の角度を持つ六角形は、デザインしにくいものなので見当たらなかったのではと思います。実際、グラフに点を埋めても、中々きれいな角度が出せません。私の泥大島の着物の織柄からも読み取りましたが、縦横比が違うので、気に入った角度は出せませんでした。試行錯誤の末、ほぼ角度がうまく取れると、そこからは一気にデザイン性が広がります。あれよあれよという間に、バリエーションが20パターンほどになり、そこからまずグラフ上で却下する

ものを決め、甲乙つけ難い数種類を、実際の糸で編んでみて、最終的な柄を決めています。

地糸は、黒にチャコール色を引きそろえて墨のような控えめな混り具合を作り、配色糸には、スモーキーなパステル系ピンクをメインに、素材違いの薄いベージュを故意に柄と色のリピートをずらし、より陰影を与えるように入れています。素材にアルパカを含めたとろみと落ち感は、打合せのあるAラインにぴったりの風合いになったように思います。

また、地糸は2本どりですが、配色糸は1本で編んでいます。これは、'オフィーリア'で記したことに近いのですが、配色糸を2本どりで編むと、柄はよりはっきり出ますが、ここでは'線'で表わす柄なので、繊細さ、奥ゆかしさ、といったものが出ず、柄がうるさくなり過ぎるきらいがあります。求めている絞り染めの布——例えば'八百屋お七'の着物——のような、目はそろっているが、ちらちらとした手仕事の跡が見てとれるテクスチュアにしたいと思ったからです。

裾から肩の引返し編み手前までは、前身頃の打合せ部分にスティーク（切り代）を含めて輪に編みます。肩下りは全くの左右対称に前後身頃4か所を編み、引抜きはぎにします。編込みのある編み地での引返し編みと、それのはぎは、柄がどのように編み込まれているか、また、肩はぎ位置の編み地の表情をどのように活かしたいかを吟味するべきで、大きく分類して、5種類ほどあることが判っており、この作品の箇所に適していそうな数種類を試して決めました。ここでは、総柄として最後まで柄が入っているので、引返し編みの後、捨て編みの別糸で段消しをしてから余分に編んでおき、本体編み地の最後の段の目に、かぎ針を入れて引抜きはぎすることによって、前後身頃が全くの対称であり、隙間なくつながる方法をとっています。

肩下りをつけずに肩位置をまっすぐに編み終え、柄をぴったり合わせることのほうが簡単ですが、この作品では、前身頃の打合せ部分や、それに合わせて柄が前後身頃で対称になるようにした脇、衿ぐりなど、まるで布地を裁つように斜辺部分を多用しているので、肩だけまっすぐというのは全体のバランスから考え、好ましくないのではと捉えたからです。

前身頃の前立て部分と裾は、I・コードで一息に縁を編みます。衿ぐりは、まずリボンを編み、そのまま衿にリボンを編みつけながら編み進み、最後にもう片方のリボンへと、こちらも一気に続けて編みます。

成長が早く、まっすぐに伸びることから健やかに育つようにと、また邪気を払う力があるとされ親しまれ、染め、織り、刺されてきた'麻の葉模様'。私も手もとで時間をかけて、その連続模様を再三再四、幾たびも編み進めるうちに、昔の日本人の、素朴で愛溢れる素直な想いや願う気持ち、自然への畏敬の念を愛おしくも思いました。今ほどに様々な面で情報や利便性が乏しかった時代、それらの想いは、とても純粋であったように思います。日本人として日本の柄を心を込めて編んだことで、今まで実感として気づきにくかった、伝統ニットの伝統柄を編む時の、その人の想いの一片に触れられたように思えたことは、この作品をデザインし編んだ、思いがけない副産物となりました。

洒落で、背中には、背守りに似せて背紋にあたるあたりから、細い赤糸を少し長めにつけました。背守りは、刺繍のもの、糸を垂らすもの、地域によって色々あるようですが、目のない背後から魔物が糸を掴んでも、するりと手がはなれ捕まらないように、との願い通り、結び玉は作っていません。

偶然に、最初の作品と、この最後の作品が、共にモノトーン系の色合いで、伝統柄の作品になりました。そこに見られる同じものと違うもの、踏襲するものと変革するもの、それらをも感じ、楽しんでいただけたらと思いました。

# 編み始める前に

**ゲージ**
記載のサイズに仕上げるか否かに関係なく、まずは編み地見本を編み、ゲージをとります。糸の風合いや色合せを感じ、慣れる練習になります。そこから、あらかたの出来上り寸法を割り出し、希望のサイズと比較し、必要であれば、針の号数や手のテンションを変える、もしくは素材の太さ細さの変更、または、主要な箇所だけでも計算で割り出し、できるだけ好みのサイズになるように考慮します。同じ作品で、編込み模様とメリヤス編みなど、違う編み地があるときは、それらの接続を考えて、それぞれゲージをとって比較します。どちらかが記載のゲージと同じでも、もう一方がそうでない場合もあり、何かしらの調整が必要となるからです。また、'多少の'違いは、ニットの伸びる性質を逆に活かし、スチームアイロンや、洗いの整形で希望に近づけることも可能です。

**針**
棒針の号数のみを記しています。作品群は、輪で編むものがほとんどなので、輪針を使うほうがやりやすいでしょう。同じ作品でも輪の大きさが違うので、適宜長さの調整をします。往復編み部分は、棒針、輪針どちらも往復編みが可能なので好みで選びます。長い輪針で目数の少ない輪状のものを編むと、編み地がつれてゲージが変わるので、避けたほうがよいことは理解できると思います（長い輪針での輪の部分を余らせて、コードの全長より短い輪状のものを編む手法'マジックループ'は除く）。その逆に、たくさんの目数のものを短めの輪針でも編むことは可能ですが、糸が裏面で頻繁に渡る編込み模様の場合、輪針に編み目が詰まっているので、常に気をつけていても横幅が出にくいことがあり、編み地もでこぼこになりがちです。編み目が輪針の中に収まるか収まらないかではなく、いつも希望の輪の長さより少し短めの輪針を使用することをおすすめします。

**糸**
特に記載のないものは1本どりで編みます。

**かぎ針**
別鎖の作り目の際、かぎ針を使いますが、号数は記していません。かぎ針の編み地ではなく、鎖編み1本なので伸び縮みが激しく、より正確な平均的情報を提示するのは難しいと考えました。それぞれの手加減と、ゆとりが欲しいのか、タイトめにしておきたいのか、それぞれの好みで号数を決めてよいと思います。

**編み図**
特に記載のないものは□=□表目を編みます。製図だけでは不安がつきまとう不規則なカーブ部分などの増減目は、各作品ごとに編み図を掲載しています。それらの編み図はできる限りゲージの比率に合わせて表示しているので、編み地との縦横のバランスのチェック、また、あらかたの実寸と照らし合わせることも可能です。

**スチーム**
仕上げにスチームアイロンをかけるのは当然のプロセスですが、編み地が変わるところまで編めたら、パーツが編み上がったら、と要所要所で軽くかけて、希望の寸法と風合いから逸脱していないかチェックします。また、作業ごとにスチームアイロンをかけることで、とじはぎや拾い目がしやすく、きれいに仕上がります。併せて、スティーク（切り代）部分にもかけておくと、繊維がからみやすくなり、切ってもほどけにくくなります。

**整形**
編み上り後、シェットランド製の糸の場合、風合いをよくするために水通しをします。ウール用洗剤を用いて軽く押し洗い、すすぎ、軽く脱水後、ストレートスリーブのものは竿に袖を通し日陰に干します。前あきの場合は、形が崩れないようにボタンをつける前の状態で前立てを重ねてしつけ糸でとめておきます。セットインスリーブの場合は、厚みのあるハンガーにかけて干します。ベストは肩下りのないものはハンガーで干し、少しでも肩下りがつくように整形します。シェットランド製の糸以外のものは、仕上り後に必ず水通しをする必要はなく、また洗った場合も平干し、もしくは吊し干しかも含め、好みでよいでしょう。

**さいごに**
「2本の先のとがったもの」だけを使っていても、テクニックも表現も生まれるものは無限のようです。美しくまとまるようにと、それぞれの細かな箇所まで、訳合いを含めて製作と編み方をまとめましたが、テクニック的には、例えば、別鎖を使わず裾のゴム編みから始める、ゴム編みを編んだ後、ゴム編み止めにせず伏止めにする、スティーク（切り代）を含めて輪に編むのではなく、とじ代分1目を含めて往復でパーツを編むなど、気負わずに個々の技量に応じて、好みのスタイルで編んでくだされればと思います。

# Ribbon

リボン

photo p.8 10

| 糸 | 編込み部分 |
| --- | --- |
| | ［ジェイミソン&スミス（Jamieson&Smith）］ |
| | 2プライジャンパーウェイト（2ply Jumper Weight） |
| | ［ジェイミソンズ（Jamieson's）］スピンドリフト（Spindrift） |
| | 色番号・色名は配色表参照。 |
| | 分量は、袖ぐり下部分まで、各地糸約10g、各配色糸約7g、袖ぐりより上は若干少なめ |
| | ゴム編み部分 |
| | ［ジェイミソン&スミス（Jamieson&Smith）］ |
| | スプリームジャンパーウェイト（Supreme Jumper Weight） |
| | 茶色（2004）55g |
| | 参考出来上りの重さ約260g |
| 用具 | 3号、2号棒針 |
| ゲージ | 編込み模様（3号針）36目40段が10cm四方 |
| サイズ | 胸囲98cm 着丈58.5cm 背肩幅39.5cm（ゴム編みを含む） |

★身頃編始め…3号針使用。別鎖の作り目（編込み模様図の1段めにあたる）で352目作り、配色糸を結び合わせ、輪にして編込み模様を編み始めます。渡り糸が長い箇所では、図を参考にはさみ込みながら編み進めます。袖ぐり下まで編んだら、配色糸と地糸を切って結び、一旦編み終えます。

★袖ぐりのスティーク（切り代）…左脇は、16目休み目にし、111段めの地糸で右針に6目巻き目を作り、編み進めます。右脇は、31目休み目にし、12目巻き目を作り、同様に編み進め、最後左脇で15目休み目にし、6目巻き目をします。次の段からは身頃側の目とスティークの両端の目をそれぞれ2目一度にし、カーブを作りながら編みます。

★前衿ぐり…袖ぐり下から23段めで、前身頃中心の1目を休み目にし、12目巻き目を作り、袖ぐり同様にスティークの両端の目でそれぞれ減目をしながら編みます。

★肩…引返し部分の手前まで編んだら、配色糸と地糸を切って結び、一旦編み終えます。引返し編み部分は、前後身頃共に、首側から左右対称に編みます。前身頃は、衿ぐりのスティークの真ん中の6目から続けて編み始め、引返し編みで編みます。後ろ身頃は、49目休み目にし、衿ぐり側に6目巻き目を作り、続けて引返し編みをし、衿ぐり側では減目をしながら編みます。いずれも、配色糸の渡り糸は、できるだけ編み地の端まで渡すようにし、段消しの段は、袖ぐりのスティークの6目まで続けて編みます。

中表にして、地糸1本どりで、袖ぐりスティーク（6目）、肩（33目）、衿ぐりスティーク（6目）を一気に、左右それぞれ引抜きはぎにし、肩で柄を合わせます。

★ゴム編み…2号針使用。袖ぐりと衿ぐりは、それぞれの箇所の作業に入る直前にスティークの真ん中を切ります。拾い目は、袖ぐりは脇中心から、衿ぐりは後ろ身頃休み目のすぐ隣のスティークから始め、茶色（2004）で休み目全目と全段拾います。裾は別鎖をほどき針に戻し、脇中心から1段めは表目で、減目をしながら編み、2段めから1目ゴム編みで編みます。

最後は1目ゴム編み止めにします。スティークを始末します。（p.55参照）。

| 子どもサイズ（5歳前後） | 糸 | 大人用と同じ。色番号・色名は配色表参照。 |
| --- | --- | --- |
| | | 分量は、袖ぐり下部分まで、各地色糸約6g、各配色糸約4g、袖ぐりより上は若干少なめ |
| | | ゴム編み部分 茶色（2004）30g |
| | | 参考出来上りの重さ約120g |
| | 用具 | 3号、2号棒針 |
| | ゲージ | 編込み模様（3号針）36目40段が10cm四方 |
| | サイズ | 胸囲62cm 着丈38cm 背肩幅26.5cm（ゴム編みを含む） |

★p.67を参考に、大人サイズと同様に編みます。

★袖ぐりの1目ゴム編みは、2号針で全目全段（127目）拾い、1段めで12－ペ－9…1＝118目にし、6段（約2cm）編み、7段めで袋編み（大人サイズのゴム編みの最終段の要領で編む）にし、1目ゴム編み止めにします。

衿ぐりの1目ゴム編みは、全目全段（172目）拾い、前中心の減目は大人サイズと同様に編み、7段めで袋編みにし、1目ゴム編み止めにします。

裾の1目ゴム編みは、別鎖をほどき針に戻し、1段めはすべて表目、次の段からゴム編みを17段（約4cm）編み、18段めで袋編みにし、1目ゴム編み止めにします。

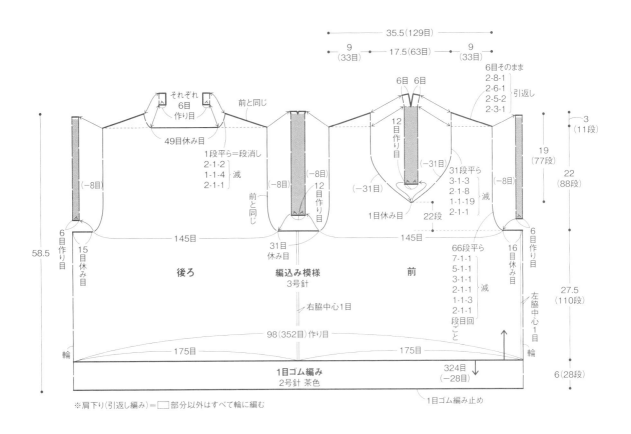

## 配色表

| 列数 | 配色糸（リボン柄） | | 地糸 | |
|---|---|---|---|---|
| 19 | | FC22 | 4 | (FC68) |
| 18 | 237 | Thistledown | 273 | Foxglove |
| 17 | ● 135 | Surf | 567 | Damask (FC10) |
| 16 | ■ 1130 | Lichen | ▲ 253 | Seaweed (FC71) |
| 15 | 187 | Sunrise | 123 | Oxford |
| 14 | 243 | Storm (FC59) | | FC58 |
| 13 | | 1283 | 190 | Tundra (1287) |
| 12 | 1390 | Highland Mist | 633 | Jupiter |
| 11 | | 1281 | 236 | Rosewood |
| 10 | | 87 | 319 | Artichoke |
| 9 | 233 | Spagnum | 186 | Sunset |
| 8 | | FC39 | 195 | Moorland |
| 7 | 153 | Wild Violet | 125 | Slate |
| 6 | | FC62 | | 123 |
| 5 | 1260 | Raspberry | | 78 |
| 4 | ▲ 253 | Seaweed | 423 | Burnt Ochre |
| 3 | | 72 | 232 | Blue Lovat |
| 2 | ■ 1130 | Lichen | 155 | Bramble |
| 1 | ● 135 | Surf | 238 | Osprey |

19 ← 引返し編始め
13 ← 前衿ぐり始め
11 ← 袖ぐり始め
1 ← 編始め

※色番号＋色名はジェイミソンズ、**色番号**（太字）のみはジェイミソン＆スミス
※●■▲は2回使用の糸、その他は1回のみの使用（計35色・ゴム編み部分を除く）
※（ ）内は作品に実際使用した色番号（すべてジェイミソン＆スミス）ですが、
　廃番色のため、類似色を提案しています。

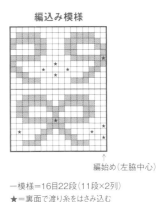

### 編込み模様

一模様＝16目22段（11段×2列）
★＝裏面で渡り糸をはさみ込む
　　提案位置

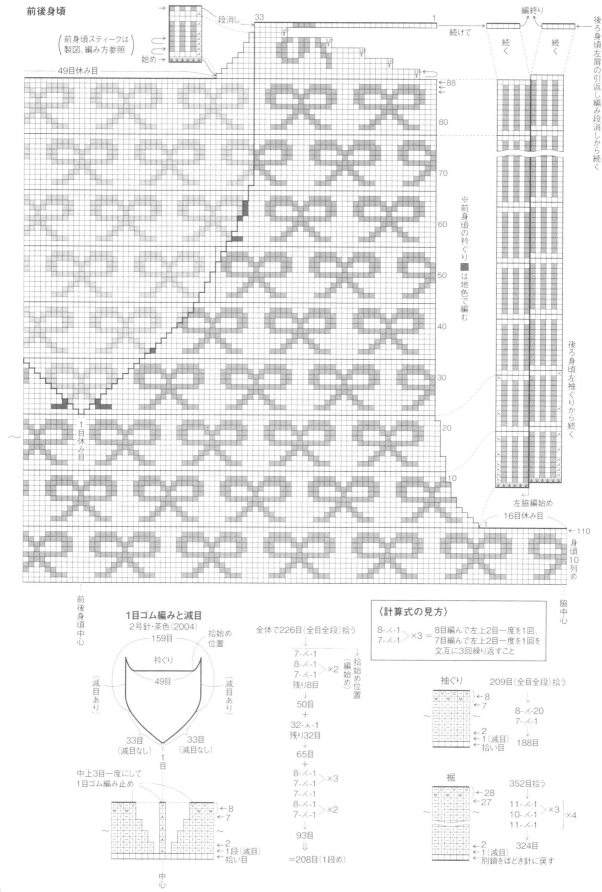

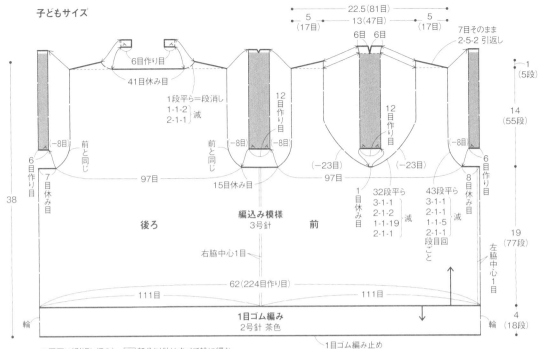

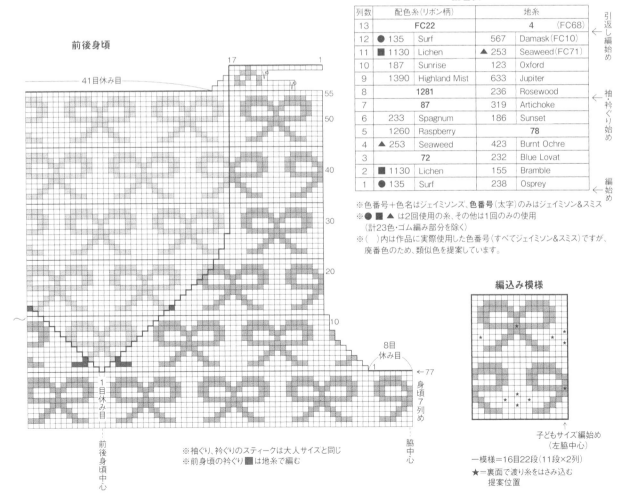

# Carnation

カーネーション

photo p.11・14

| 糸 | 〈セーター〉 |
| --- | --- |
| | ［ジェイミソン＆スミス（Jamieson&Smith）］ |
| | 2プライジャンパーウェイト（2ply Jumper Weight）赤（9113）260g |
| | ［ジェイミソン＆スミス（Jamieson&Smith）］ |
| | スプリームジャンパーウェイト（Supreme Jumper Weight）黒（2005）280g |
| | 〈ミトン大〉 |
| | ［イサガー Isager］ツイード（Tweed） |
| | マスタード（Mustard）25g、チョコレート（Chocolate）25g |
| | ［イサガー Isager］アルパカ1（Alpaca1） |
| | 金茶色（3）15g、フォレスト（Forest）15g |
| | 〈ミトン小〉 |
| | ［イサガー Isager］ツイード（Tweed） |
| | パプリカ（Paprika）25g、チョコレート（Chocolate）25g |
| 用具 | 〈セーター〉3号、2号棒針〈ミトン大〉4号、3号棒針〈ミトン小〉3号、2号棒針 |
| ゲージ | 編込み模様（3号針・セーター）34目37段が10cm四方 |
| | 編込み模様（4号針・ミトン大）30目35段が10cm四方 |
| | 編込み模様（3号針・ミトン小）34目40段が10cm四方 |
| サイズ | 〈セーター〉胸囲98cm 着丈59.5cm 背肩幅42.5cm 袖丈52.5cm |
| | 〈ミトン大〉てのひら回り21cm 丈23cm |
| | 〈ミトン小〉てのひら回り19cm 丈20.5cm |

〈セーター〉

★身頃編始め〜袖ぐり…3号針使用。A色（赤）で別鎖の作り目（編込み模様図の1段にあたる）で336目作り、B色（黒）を結び合わせ、輪にして脇で柄をきれいに収めるため、編始め位置に注意して編み始めます。糸渡りが長い箇所は、数目とばして裏ではさみ込みながら編み進めます【＊同じパターンであれば、同じ位置ではさみ込むほうが編み地が落ち着きますが、この作品はジグザグ模様とメインの柄の間の目数が変化するので、その都度、適した場所を考えながらはさみ込みます】。
14段まで編んだら、以降の脇の柄が段ずれで崩れないように、左針に7目戻し編み始め位置をずらし、15段めを編み始めます【＊脇の柄がすべて段ずれにより柄中心で崩れるか、すべり目が1か所できてしまうか、どちらがよいかを優先します。また、脇の柄を1段早めに、または1段遅めに編み、段ずれを回避することも可能ですが、このパターンの場合では、裾側、袖ぐり下側で、柄はうまく収まりません】。
126段めまで編んだら、A色とB色を結び合わせ、一旦編み終えます。右針で7目移し、9目休み目にし、右針で6目巻き目を作ります。その際、2色の糸を使い、交互に、A色→B色→A→B→A→Bと針にかかるように、裏で1目分糸を渡しながら目を作ります。同様に、右脇も9目休み目にし、12目巻き目を作り編み進め、最後左脇もB色→A色→B→A→B→Aと6目巻き目を作ります。次の段からは身頃側の目とスティーク（切り代）の両端の目をそれぞれ2目一度にし、カーブを作りながら編みます。

★前衿ぐり〜肩…前衿ぐりの段で、前中心の33目を休み目にし、右脇同様に、12目巻き目を作り、袖ぐり同様にスティークの両端の目でそれぞれ減目しながら編みます。70段までは輪に編み、71段めは、左袖ぐりのスティークと前身頃と、右袖ぐりのスティークの6目まで編みます。
中表にして肩をA色で引抜きはぎにします。始めにスティークの6目と6目をはぎ、続けて肩（37目）、後ろ身頃衿ぐりの71目を休み目にし、糸を切らずに前身頃のスティーク12目を伏止めにし、以降続けてもう片方の肩（37目）を、最後にスティーク6目と6目をはぎます。

★袖…身頃の袖ぐりのスティークの真ん中を切り、B色で脇の休み目の中心の目より拾い、続けて、前後袖ぐりのスティークと身頃の間全段から目を拾い（71段＋70段）、残りの脇の休み目から拾い、計150目（全目全段）拾います。一旦糸を切り、拾い目を終えます。2段め（編込み模様の始まる段）は、袖下の三角まちの柄の段ずれを避けるため、編始め位置を脇中心よりずらして、編み始めます。
左袖の場合、脇の休み目9目の真ん中の目を含めて数え、後ろ身頃側へ28目めに戻り、編込み模様を始めます。同時に、指定の場所で2目一度し、目数を132目に整えます。その際、脇中心と袖山中心の目＝前後身頃の最終段（71段め）が合っていることを確認します。以降、三角まちの両側で、2目一度で減目しながら、袖を編み進めます。変りかのこ編みと2目ゴム編みの編込み模様を編み、B色で目なりの伏止めにします。

★まとめ…2号針使用。衿ぐりは、スティークの真ん中で切り開き、肩線位置（前後身頃の最終段）から全目（休み目）全段目を拾い（190目）、以降減目をして編みます。裾も同様に、別鎖をほどき針に戻して編みます。スティーク始末をします（p.55参照）。

〈ミトン〉

★ミトン大はマスタードと金茶色をA色、チョコレートとフォレストをB色とし、それぞれ2本どりで、変りかのこ編み部分と親指は3号針で、本体編込み模様は4号針で編みます。

★ミトン小はパプリカをA色、チョコレートをB色とし、それぞれ1本どりで、変りかのこ編み部分と親指は2号針で、本体編込み模様は3号針で編みます。

★本体…大小共に、図を参考に、棒針に編みつける作り目で始め、輪にして変りかのこ編み部分を編み、続けて本体の編込み模様を編みます（糸渡りが長い箇所に関してはセーターの解説を参照）。親指穴は指定の箇所で、別糸で9目編み、この9目を左針に戻し、改めて別糸の上に編み図どおりに編み進めます。指先の減目は中上3目一度にし、最後の目は中表にして引抜きはぎにします。その際、両端の中上3目一度で立てた目は、引抜きはぎの最初と最後の目で、3目一度の要領ではぎ、甲側とてのひら側の目がずれないように注意します。また、好みでメリヤスはぎにしてもよいでしょう。

★親指…別糸をほどく前に、編み入れた別糸の位置から、棒針

で、別糸の下側の目から1目ずつ9目拾い、別糸の上側の目からは、1目ずつ9目に加え、9目めの残りの半目も拾い（9目めは全目＝2本拾い）、10目とします（写真1・2）。別糸を丁寧に抜き取り、編み出しますが、左右の境目の目と目の間の渡り糸（できるだけ穴があかない位置）を上下共にそれぞれねじり、とちらかきれいに見えるほうをかぶせて2目一度にします。左右の境目のねじり目2目一度（1目）＋上側（10目）＋もう片方の境目のねじり目2目一度（1目）＋下側（9目）＝21目とし、メリヤス編みで輪に編み進めます。22段編み、表目1目、左上2目一度を繰り返し14に、次の段はそのまま14目、次の段を最終段としてすべての目を左上2目一度にし、一度に絞ります。

★左手…図を参考に、色柄を対称に編みます【＊編始めの段ずれ位置を、左右共に、目立ちにくい小指側に設定したほうが、一般的にはきれいに仕上がりますが、そのように設定すると、このパターンの場合、人さし指側と小指側のジグザグ模様で、上下の柄の切れ目の収まりがずれてしまい、また段ずれ位置自体が余計に目立ってしまいます。この左右個別の編み図では、左手は人さし指側に段ずれ位置がきますが、そのつながり位置で、柄をきれいに収めるように、段ずれ回避の編み図にしています】。

写真1　別糸を編み入れたところ

写真2　別糸の上下から目を拾ったところ

ねじり目2目完成。
この目を2目一度にする。
反対側も同じ要領で編む

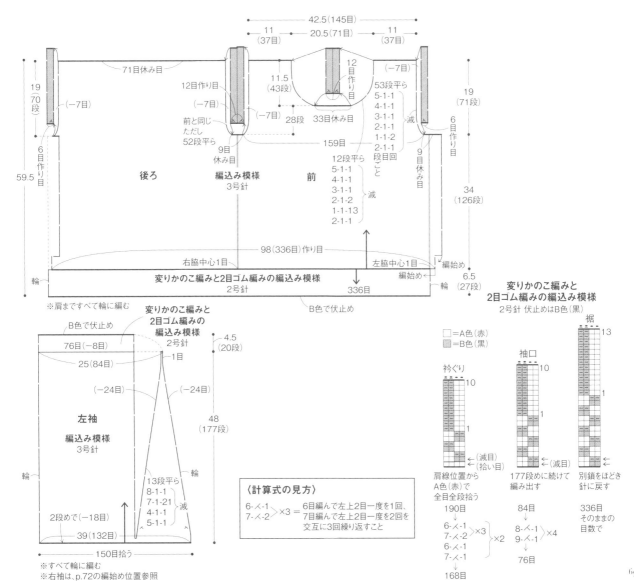

**前後身頃**　※肩の柄は、後ろ身頃は図のとおり、前身頃の衿ぐり位置は袖ぐり位置と同様の柄（□）で編む
　　　　　　※衿ぐり位置では、前身頃は図のとおり、後ろ身頃のイニシャルの両側は通常の花柄を編む

71目休み目
イニシャル（好みで／または模様の続きを編む）
33目休み目

同様に
巻き目で作り目 12目
9目休み目

脇中心
前後身頃中心

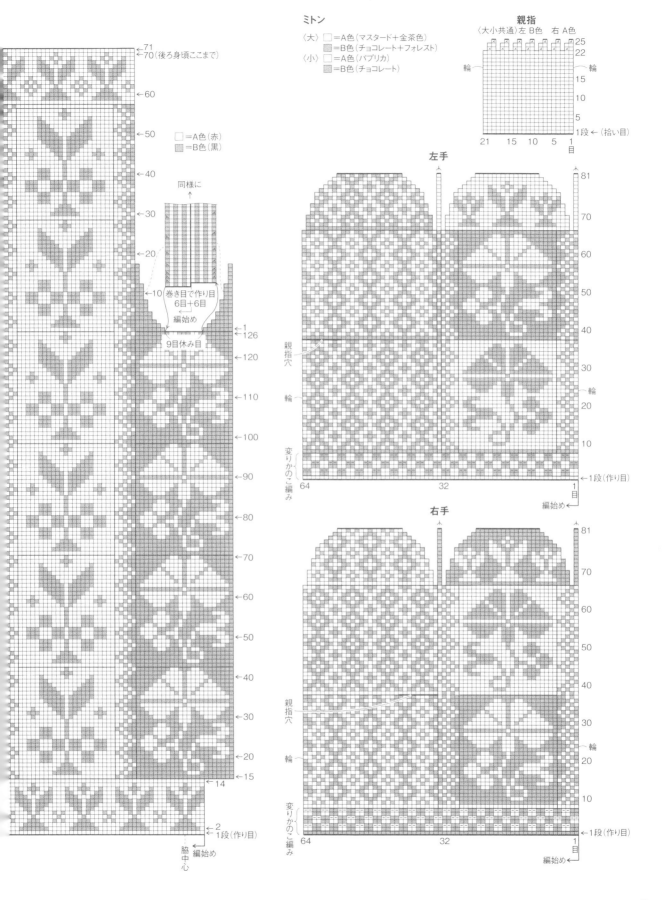

# Slåtter

スロッテル

photo p.47

| 糸 | [ジェイミソン＆スミス (Jamieson&Smith)] 2プライジャンパーウェイト (2ply Jumper Weight) 霜降りの黒 (81)、生成り (202) |
| --- | --- |
| | 〈カーディガン〉霜降りの黒 380g、生成り 100g |
| | 〈レッグウォーマー〉霜降りの黒 55g、生成り 20g |
| ボタン | 〈カーディガン〉直径 1.5cm のボタン 7個 |
| 用具 | 〈カーディガン〉3号、2号、1号棒針 〈レッグウォーマー〉3号、2号棒針 |
| ゲージ | 編込み模様（3号針／カーディガン）36目 38段が 10cm 四方 |
| | メリヤス編み（1号針／カーディガン）36目 44段が 10cm 四方 |
| | 編込み模様（3号針／レッグウォーマー）35目 38段が 10cm 四方 |
| サイズ | 〈カーディガン〉胸囲 95cm（前立てを含む）着丈 61.5cm 背肩幅 41cm 袖丈 52.5cm |
| | 〈レッグウォーマー〉周囲 24cm 長さ 25cm（上部ゴム編みを折り返して） |

〈カーディガン〉

★身頃編始めとスティーク（切り代）〜袖ぐりスティーク…1号針使用。\色（霜降りの黒）で指に糸をかけて作る方法で 305目作り、往復編みでメリヤス編みを 7段編みます。8段めは裏目。ここで目と目の間の渡り糸を引き上げ、ねじり増し目にし（333目）、残りのメリヤス編みを編みます。15段編んだら 3号針に替え、続けて 10目巻き目で作り目、輪にして編込み模様に入ります。以降、図を参考にスティークは地糸と配色糸の縦縞になるように編みます。

編込み模様が段々疎になる箇所（地糸だけの段が増える）でも、常に配色糸はB色（生成り）なので、この作品では、糸は切らずに編み進めます。また、ゲージが徐々に変わるので針の号数を 2号、1号と替えて編み進めます（写真1）。66段めまで編んだら、スティーク部分を 10目伏止めにします【＊スティークの目の両端1目を残すのは、メリヤス編み部分の前立ての拾い代が編込み部分からきれいにつながるようにするため。また、メリヤス編み部分は編み地が薄いので、スティークを作り、まつるとごろつきやすいので往復編みにします】（写真2）。メリヤス編み部分に入ります。以降、95段まではメリヤス編みで往復編みです。

続けて 3号針に替え、10目巻き目を作り、再び輪にして編込み模様に入ります。両袖ぐり下部分で 9目休み目にし、12目巻き目を作り、次の段からは、身頃側の目とスティークの両端の目をそれぞれ 2目一度にし、カーブを作りながら編みます。

★衿ぐり〜肩…胸の編込み模様部分の 50段めまで編んだら、\色とB色を切り、結び合わせ、一旦編み終えます。右針にかかっている目を 6目左針に戻し、\色でスティーク部分の 12目のみ単独で伏止めにし【＊伏せ目と編込み模様を続けると、伏せ目の最後の目が身頃の 1目めにかかり、後で前立てを編んだ時に、拾い目位置が美しくないため別糸で伏せます】、その両隣の 12目を休み目にします。以降、改めて\色で右針に 6目巻き目を作り、休み目にした隣の目から編み始め、最後は休み目（12目）の隣の目まで編み、6目巻き目を作り再び輪にし、次の段からは、カーブを作りながら編みます。

後ろ身頃の衿ぐり部分も、51目休み目にし、12目巻き目で作り、次の段からは、袖ぐりと同様に編みます。前衿ぐりから 31段めまでは輪に編み、\色とB色を切って結び、一旦編み終えます。以降、前身頃のみ 1段編み加えます。左袖ぐりのスティークの真ん中まで針先を移動させ、新たに 2色の糸を結びつけ、前身頃の左右に接続するスティーク（6目）を含め、最終段を編みます。肩は中表にして\色で引抜きはぎにします。始めに、袖ぐりのスティーク、続けて肩、前後身頃の衿ぐり部分のスティーク、もう一方の肩、もう一方の袖ぐりのスティークを続けてはぎ、肩で柄を合わせます（p.75 写真 3・4）。

★袖…身頃と同様に作り目をし、輪にして編みます【＊このデザインでは、身頃と袖の目の向きをそろえるために手首側から編み始めます】。指定の場所で、左右に向きのあるねじり増し目をしながら、図のように段ずれ位置で柄がきれいに収まるように編み進めます（p.74 写真 5）。最終段は休み目にします。

★袖つけ…作業に入る直前に身頃の袖ぐりのスティークの真ん中を切り開き、肩中心（前身頃の最終段）と袖山を合わせ、脇中心からつけていきます。袖ぐり下の休み目部分はメリヤスはぎに、身頃の袖ぐり部分は身頃側とスティークの間をすくって目と段のはぎにします。

★衿ぐりと前立てのゴム編み、まとめ…始めに衿ぐりのスティークを切り、\色で 2号針で全目全段拾い、両端に巻き目を加えます。1段めで減目をして両面ねじり1目ゴム編みを編み、最後はねじり1目ゴム編み止め【＊あらかじめ、より細い号数の針ですべての目をねじり目にしておき、通常の1目ゴム編み止めをするとやりやすい】をします。次に前立てのスティークを切り、衿ぐり同様、拾い目、減目をし、右前立てにはボタンホールをあけます。裾と袖口を折り返し、少しゆるめに裏にまつります。スティークを始末します（p.55参照）。

〈レッグウォーマー〉

編込み模様部分は 3号針、その他は 2号針使用。\色で指に糸をかける方法で 84目作り、輪にして 1目かのこ編みを編み、以降編込み模様を編みます。図を参照して段ずれ位置で柄がきれいに収まるように編み進めます。以降、表目 1目と裏目 2目（折り返すので最終的に表面は裏目 1目と表目 2目の表情）でゴム編みを編み、目なりの伏止めをします。

写真1　裏側の渡り糸の表情

写真2　メリヤス部分は往復編み

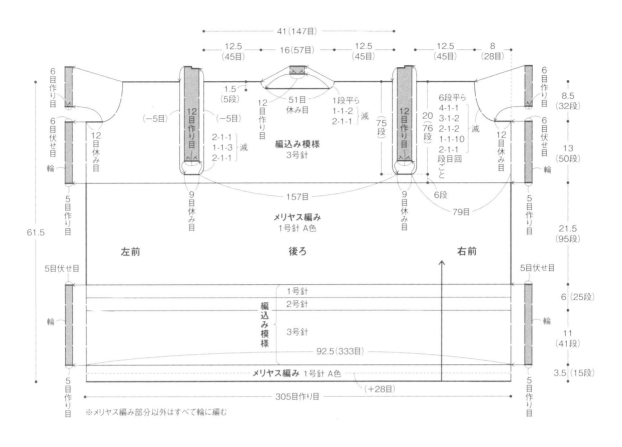

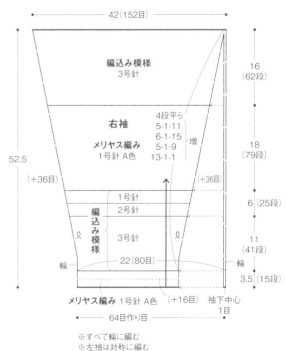

※すべて輪に編む
※左袖は対称に編む

写真5　袖下・段ずれ位置の表情

写真3 肩はぎをしたところ　　写真4 肩の柄合せの表情

身頃（裾〜）

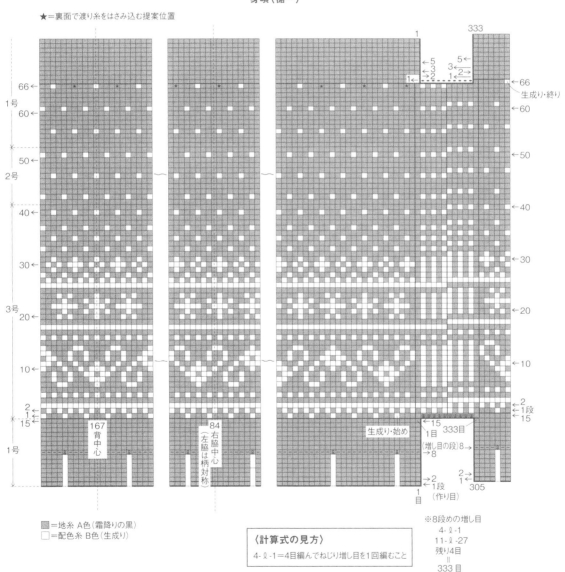

■=地糸 A色（霜降りの黒）
□=配色糸 B色（生成り）

〈計算式の見方〉
4-ℓ-1＝4目編んでねじり増し目を1回編むこと

※8段めの増し目
4-ℓ-1
11-ℓ-27
残り4目
＝
333目

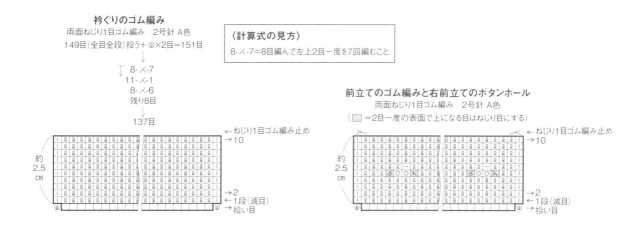
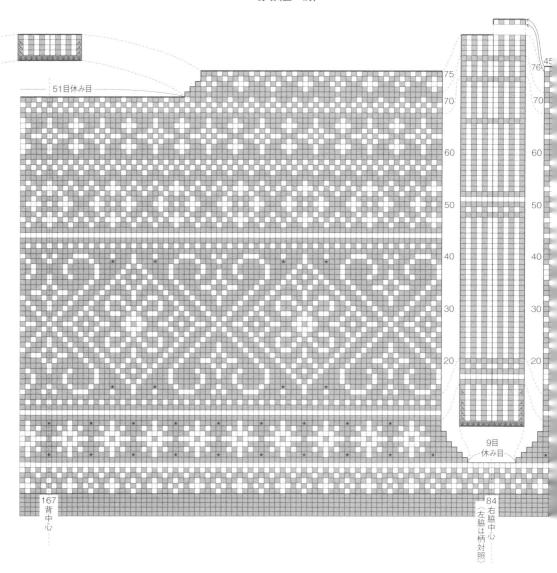

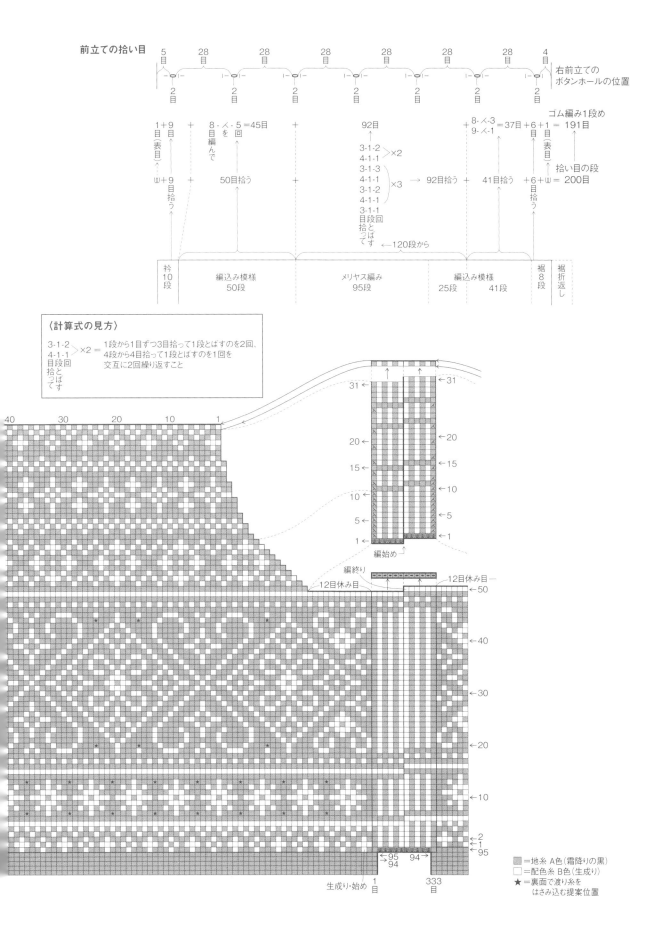

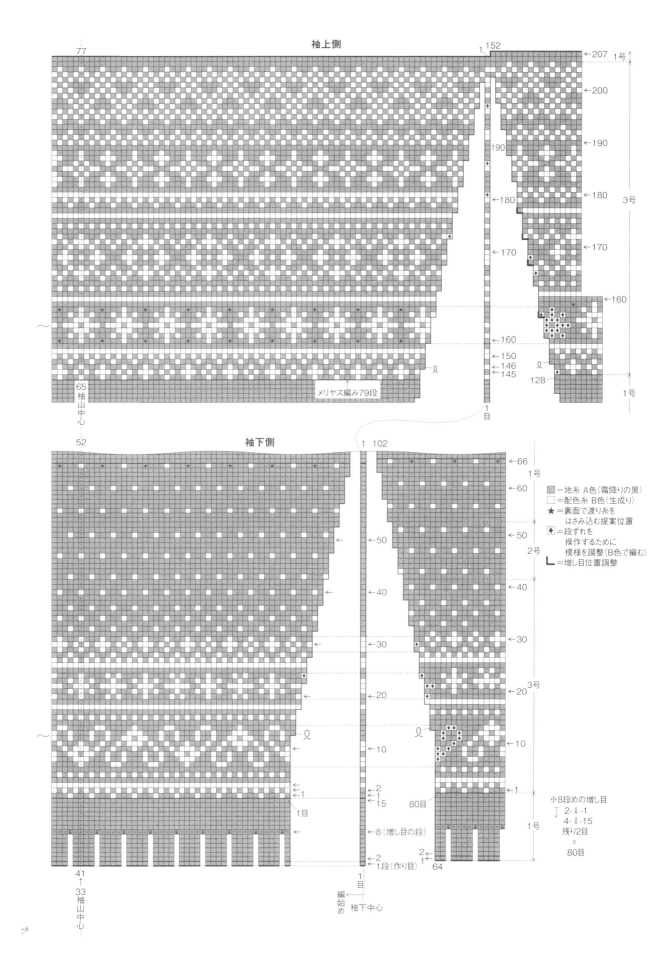

袖(152目)と身頃(4目+75段+76段+5目=160)のはぎ

◎ ■
4- ∧-1（メリヤスはぎ部分）
16- ∧-1
17- ∧-6
16- ∧-1
残り5目（メリヤスはぎ部分）

目と段のはぎ（袖の目から身頃の段へ）
身頃袖下はメリヤスはぎ

1目と1段を◎回はいで身頃側を2段すくう(∧)を■回
（計算上1目違うのは、身頃袖下のメリヤスはぎで裏山をはぐため）

袖山中心の目と肩山中心（前身頃の最終段）が合うように確認をする

## レッグウォーマー

■ =地糸 A色（霜降りの黒）
□ =配色糸 B色（生成り）
◆ =段ずれを操作するために模様を調整（B色で編む）
◈ =段ずれを操作するために模様を調整（A色で編む）

# Laima

ライマ

photo p.15-19

| 糸 | [ジェイミソン&スミス（Jamieson&Smith）]2プライジャンパーウェイト（2ply Jumper Weight）<br>茶色（FC58）、濃いピンク（FC22）、薄いピンク（1283）<br>[ジェイミソンズ（Jamieson's）]スピンドリフト（Spindrift）水色（135・surf）<br>〈カーディガン〉茶色310g、濃いピンク20g、薄いピンク15g、水色55g<br>〈ミトン大〉茶色40g、濃いピンク10g、薄いピンク5g、水色30g<br>〈ミトン小〉茶色25g、濃いピンク5g、薄いピンク少々、水色20g |
|---|---|
| 用具 | 〈カーディガン〉3号、1号棒針 〈ミトン大〉0号棒針 〈ミトン小〉3号、2号棒針 |
| ゲージ | 編込み模様（3号針/カーディガン）35目36段が10cm四方<br>メリヤス編み（1号針/カーディガン）35目46段が10cm四方<br>編込み模様（0号針/ミトン大）44目46段が10cm四方<br>編込み模様（3号針/ミトン小）34目36段が10cm四方 |
| サイズ | 〈カーディガン〉胸囲97cm（前立てを含む）着丈54.5cm背肩幅33cm袖丈56cm<br>〈ミトン大〉てのひら回り22cm 丈25.5cm<br>〈ミトン小〉てのひら回り19cm 丈22cm |

〈カーディガン〉

★前身頃編始めとスティーク（切り代）〜袖ぐりスティーク〜衿ぐり…3号針使用。身頃は別鎖の作り目、スティークは巻き目の作り目で198目作ります。地糸（茶色）で始めにスティーク分として右針に9目巻き目を作り、続けて右前身頃として81目を別鎖から目を拾い、続けて右針に18目巻き目を作り、左前身頃分として81目を別鎖から目を拾い、右針に9目巻き目を作ります。前身頃の中心側のスティークの真ん中を編始め位置として、両脇のスティークも同時に編みながら、前身頃のみを輪にして編み進めます。

編込み模様の渡り糸が長い箇所では、図を参考にはさみこみながら編み進めます。1段に3色になる箇所も、通常のフェアアイルと同様に、糸をからめないように並行に糸を送って編み込みます【＊スティークの目数を一般的な6目×2＝12目ではなく9目×2＝18目にしているのは、編み込む糸をまんべんなくスティークに編み込み、切った時にできるだけほどけにくくするため。また、後の袖つけの際に作業中にほどけてしまわないように、スティークの目数と色を指定しています】（写真1）。

108段めでは、両脇の袖ぐりの部分で、スティークの両側12目を休み目にし、今までのスティーク部分を別糸で18目伏止めし、3色で図のように18目巻き目を作り編み進めます【＊スティークの伏止めを107段めにすると、伏せた最後の目が編込み模様身頃側の1目めにかかり、袖つけの際にこの部分がきれいに収まりません。また、肩の引返し編みの始まる袖ぐり上部側や、引返し編み後の衿ぐり側で、別糸で伏止めにするのも同じ理由です】。次の段からは身頃側の目とスティークの両脇の目をそれぞれ2目一度にし、カーブを作りながら編みます。138段めからは、袖ぐり同様に、前衿ぐり部分でも両端の目でそれぞれ減目しながら編みます。

★肩…170段めからは、衿ぐり側から左右対称に引返し編みにします。衿ぐりのスティークの真ん中から続けて右前身頃部分を往復編みで編みます。左前身頃部分衿ぐりのスティークの真ん中に糸をつけ、対称に編み、休み目にします。左右共に段消しの後、袖ぐりは18目、衿ぐりは9目と9目に、別糸で伏止めにしておきます（写真2）。

★後ろ身頃と袖…1号針使用。後ろ身頃は163目、袖は77目、それぞれ別鎖の作り目で始めます。後ろ身頃は袖ぐり、衿ぐり、肩下り（引返し編み）と編み進め、肩は休み目にしておきます。袖は、左右に向きのあるねじり増し目をしながら輪に編み進み、袖山下で、2＋1＝3目の伏止めの後、減目をしながら往復編みで袖山を編みます。

※前後身頃袖ぐりと袖山に、図に示しているところに糸で合い印をそれぞれつけておきます。

★まとめ…前身頃は脇、前立て側共に、スティークの真ん中で切り開き、前後身頃を合わせて肩を引抜きはぎにします。脇は、前身頃はスティークの9目内側、後ろ身頃は1目内側を、バランスよくすくいとじにします。袖つけは、合い印を参考に、前後身頃と袖の前後を間違わないように合わせ、袖山中心と後ろ身頃肩から1.5cm下を確認して、バランスよくつけます。裏から引抜きとじ、または半返し縫いなどでもよいですが、表面を見て、すべての接続部分や、左右のずれがないかを確認しながら、細かくすくいとじをするのがおすすめです。また身頃の袖ぐり下は休み目から目がつながるようにメリヤスはぎの要領ではぎます。前身頃の脇と袖ぐりのスティークを始末します（p.55参照）。

★縁編み…3号針使用。裾の別鎖の作り目をほどき針に戻し、裾部分から始め、次に前立てを編みます。裾と前立ての角で色柄を合わせます。前立て端部分に地糸（茶色）で拾い目と裏目の伏止めをし、縁編み端がすべて地糸で囲まれるようにします（写真3）。以降、前立てのスティークを、脇と袖ぐり同様に処理します。袖口は、1目調整（減目）し、76目で同様の編込み模様を編みます。

〈ミトン〉

★本体…ミトン大小ともに、地糸（茶色）で棒針に編みつける作り目、大は0号針、小は2号針で始め、輪にしてガーター編み部分を編み、続けて本体の編込み模様を編みます。ミトン小はガーター編みが終わったら、3号針に替えます。親指穴は、指定の位置で、休み目と巻き目（大は3色、小は2色を使い、図柄のとおりに）で目を作ります。指先の減目は中上3目一度にし、最後の目は、中表にして引抜きはぎにします。その際、両端の中上3目一度で立てた目は、引抜きはぎの最初と最後の目で、3目一度の要領ではぎ、柄と目がずれないように注意します。好みで、すべての目を絞ってもよいでしょう。

★親指…小は2号針使用。地糸で24目拾い（必要であれば次の段で、3で割れる希望の目数に減目をし）、メリヤス編みで22段、23段めで表目1目、左上2目一度を繰り返して16目に、23段めはそのまま16目、24段めを最終段としてすべての目を左上2目一度にし、絞ります。大は、0号針使用。本体から柄がつながるように3色で拾い目をし、編み進めます。親指先は、本体指先と同様の処理にします。

★左手…大小共に、図の同じ編み始め位置から始め、段ずれ位置を小指側と設定し、先にてのひら側を編むと考えます。親指口の位置は、大は33目編んだ後、小は22目編んだ後にして、右手と対称にあけます。

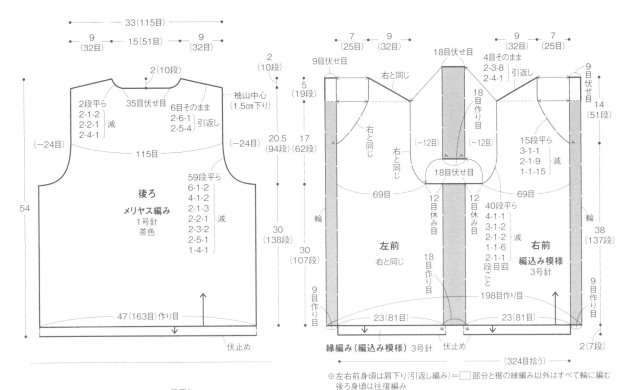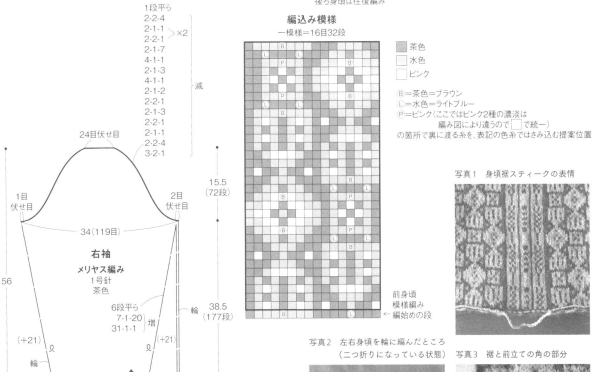

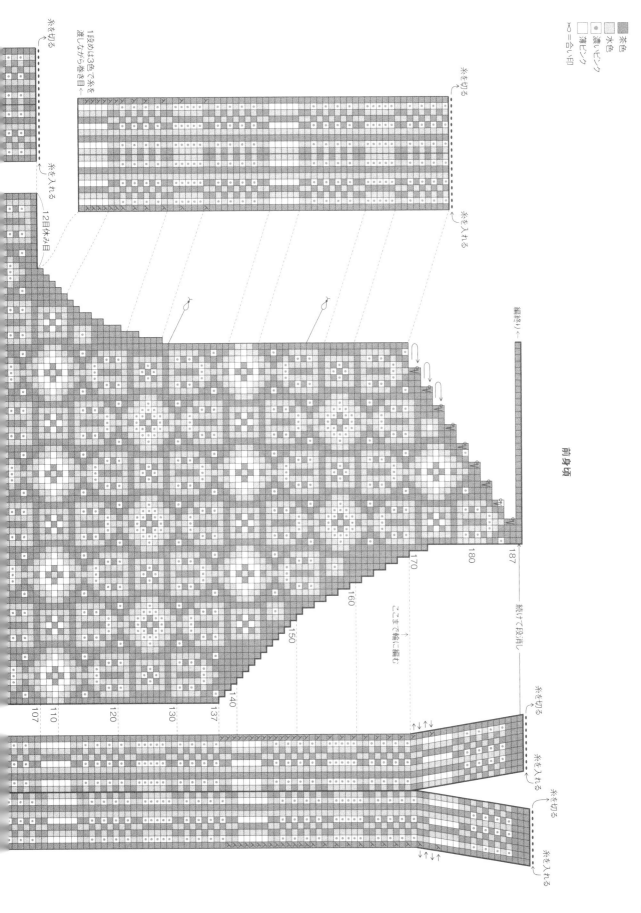

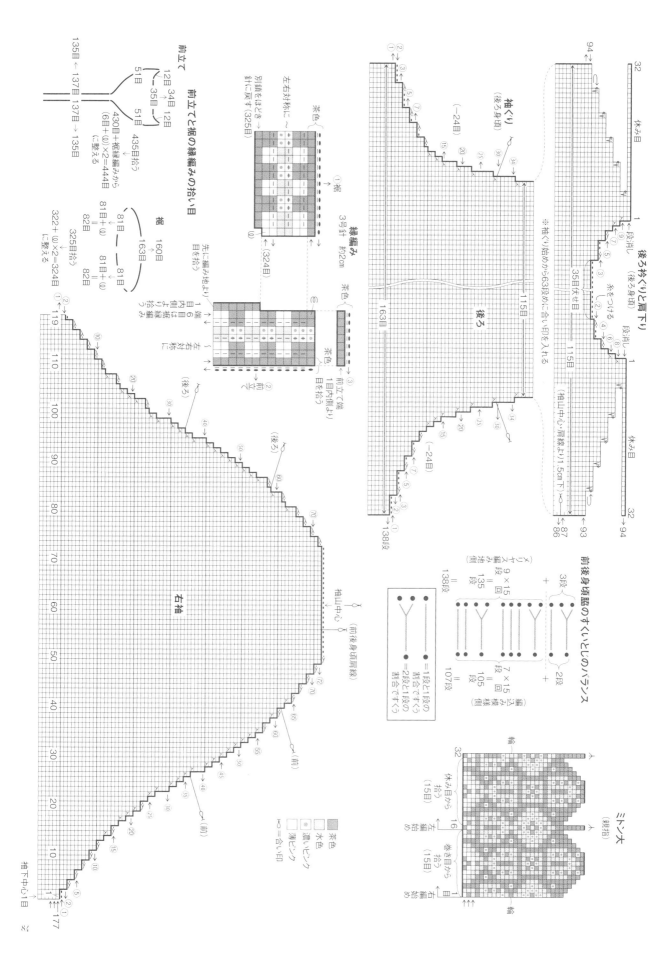

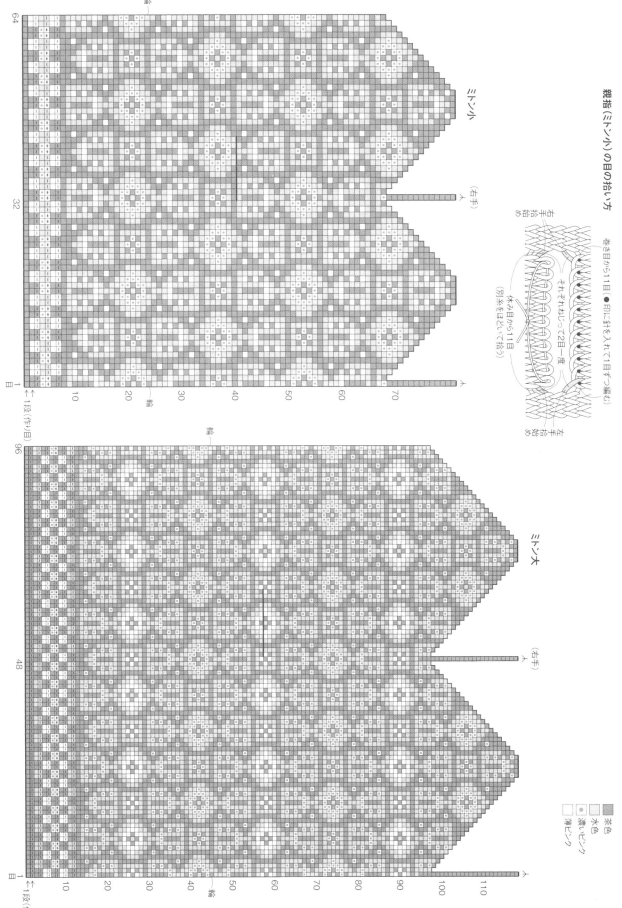

# Canon

カノン

photo p.20-23

| 糸 | ［イサガー（Isager）］メリリン（Merilin）ブルーグリーン（16）215g |
| --- | --- |
| | ［イサガー（Isager）］アルパカ2（Alpaca2）ミックスピンク（sky）110g |
| | ［イサガー（Isager）］シルクモヘア（Silk Mohair）薄いピンク（62）70g |
| 用具 | 4号、2号棒針　4.0～5.0かぎ針（スリット処理用） |
| ゲージ | 編込み模様（4号針）33目33段が10cm四方 |
| サイズ | サイズ：胸囲98cm 着丈55.5cm 背肩幅50cm 袖丈27cm |

A色はメリリン1本どり、B色はアルパカ2とシルクモヘアの2本どりで編みます。

★身頃編始め～肩…2号針使用。A色で指に糸をかける作り目で165目作り、6段めまではメリヤス編み、7段めは裏目を編み、以降4号針に替え、編込み模様を往復編みにします。渡り糸が長い箇所では、図を参考にはさみ込みながら編み進めます。また、往復編みの両端では、端の目を編んでいない色糸も交差させて戻り、編み地の端まで糸を渡します。

30段めまでの編み地を2枚編み、図を参考に左右の脇で端の目を重ね、以降、輪に編みます。

84段めまで編んだら、巻き目で目を作り、再び前後身頃を肩まで往復編みにします。

★衿ぐり…前身頃と後ろ身頃はそれぞれ衿ぐりを編みます。その際の伏止めはA色で、B色は裏で渡り糸が長くならないように、その都度はさみ込みます。以降、模様が全く対称になるように、左右共に衿ぐり側から糸をつけて編み進めます。前身頃は67段めまで、後ろ身頃は66段めまで編み、中表にしてB色で引抜きはぎをして柄を合わせます（写真1）。

★袖…袖ぐりから柄がつながるように、A色、B色の2色を使い、脇下から編み図のとおりに、裏に糸を渡しながら身頃の1目内側を全段拾います。袖下の柄のつながりが少しでもきれいになるように減目をしながら輪に編みます（写真2）。

編込み模様部分が編めたら、2号針に替え、97目のままA色で1段めはすべて表目、2段めはすべて裏目、以降メリヤス編みを5段編み、伏止めにします。

★衿ぐりの縁編み…A色で肩線位置から目を拾い始めます。172目拾い、次の段はすべて裏目、以降メリヤス編みを5段編み、伏止めにします。

★スリットの処理…引抜き編みに引抜き編みを重ねます。太めのかぎ針を使い、編み地の表面を見て、1目内側に引抜き編みで1段編みます。糸を切らずに続けて、編み地を逆に向け、スリットのあき側からかぎ針で引抜き編みの目を束に拾い（編みつけた引抜き編みと編み地の間に針を入れ）、再度引抜き編みを編みます。もしくは好みの処理でよいでしょう（写真3・4）。

写真1　肩の柄合せの表情

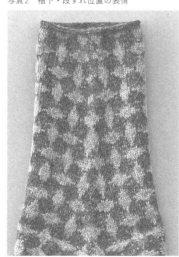

写真2　袖下・段ずれ位置の表情

写真3　スリット（表）

写真4　スリット（裏）

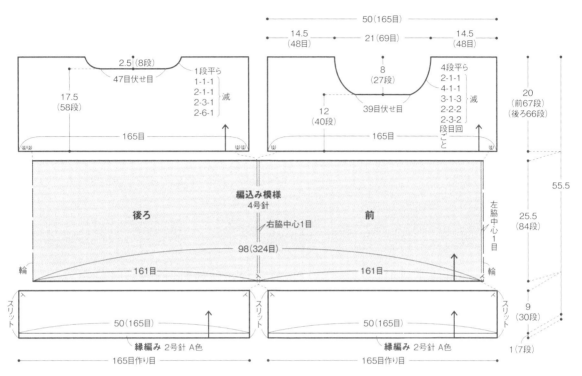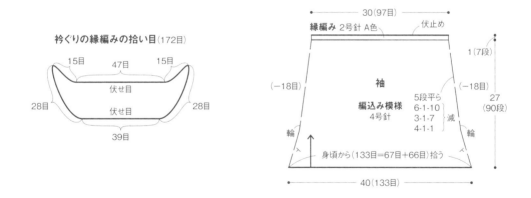

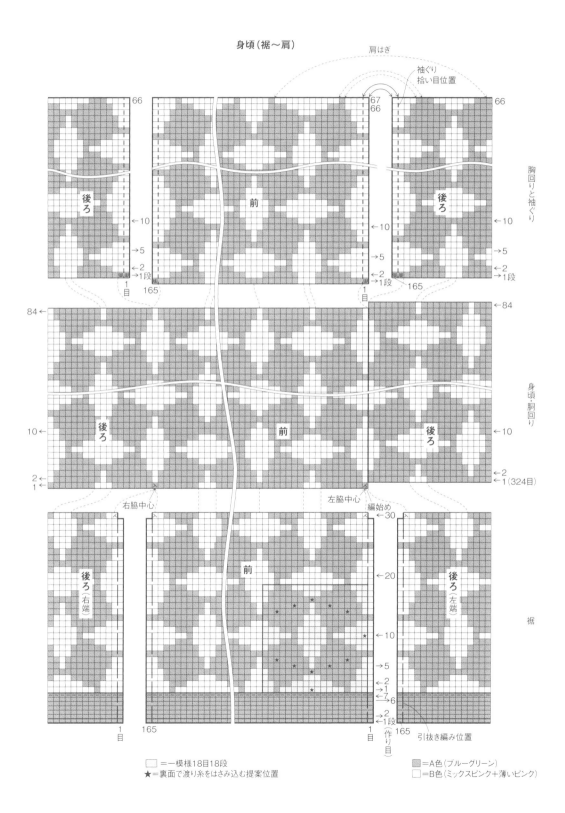

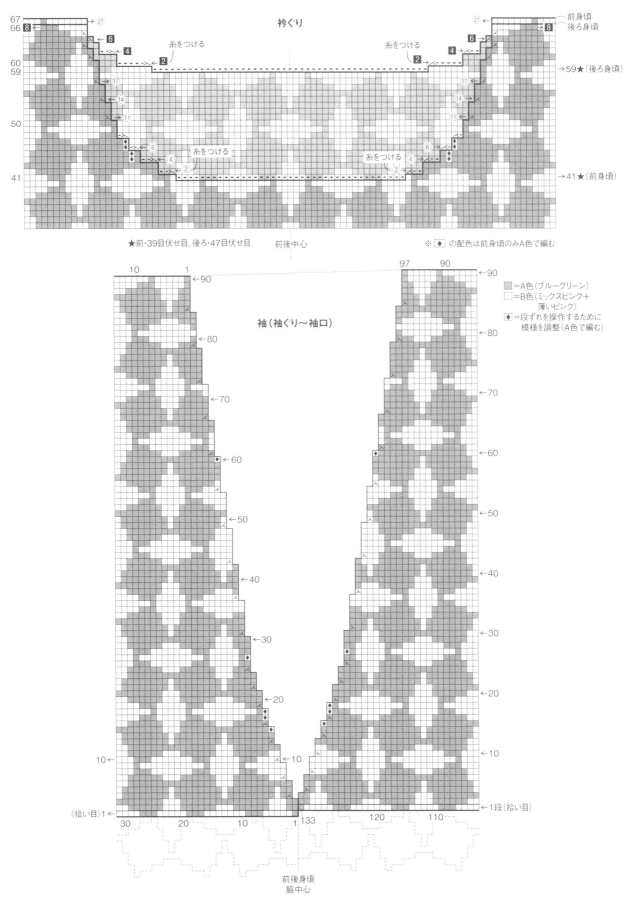

# Arabesque
アラベスク

photo p.36-39

糸　　［ジェイミソンズ（Jamieson's）］スピンドリフト（Spindrift）
　　　赤紫（239 Purple Heather）320g、淡い赤紫（567 Damask）200g
用具　3号棒針
ゲージ　編込み模様36目38段が10cm四方
サイズ　胸囲93cm　裾回り120cm　着丈79.5cm　背肩幅35cm　袖丈40cm

★身頃編始め～袖ぐりのスティーク（切り代）…3号針使用。地糸（赤紫）で棒針に編みつける作り目で432目を作り、輪にして縁編みを編みます。縁編みが終わったら、配色糸（淡い赤紫）を結び合わせ、編込み模様と地糸でのかのこ編みで編み進めます。糸渡りが長い箇所は、数目とばして裏ではさみ込みながら編み進めます。かのこの編み地ではさみ込む場合は、表目のところで行ないます。
前後身頃共に36段めから8段ごとに、一模様ずつ横にずれた位置で、左上、右上2目一度でかのこ編みの目数を減らしていきます。袖ぐり下（220段）まで編めたら、配色糸と地糸を切って結び合わせ、一旦編み終えます。
左脇では、3目戻ったところから19目休み目にし、右針に8目巻き目を作ります。その際、2色の糸を使い、配色糸→地糸→配→地→配→地→配→地の順に針にかかるように、裏で1目分糸を渡しながら交互に目を作り編み進めます。同様に、右脇も19目休み目にし前後身頃共に身頃側が地糸から交互の色になるように（8目めと9目めは配色糸になる）16目巻き目で作ります。最後左脇も同様に8目巻き目で順に、地糸→配色糸→地→配→地→配→地→配と作ります。
次の段からは身頃側の目とスティークの両端の目をそれぞれ2目一度にし、カーブを作りながら編みます【＊スティークの目数を一般的な6目×2＝12目ではなく8目×2＝16目にしているのは、後にカーブのある袖山ととじ合わせる作業があるため、作業中に許容範囲以上にほどけてしまわないため。また、袖ぐり部分、衿ぐり部分では、一部端まで柄を入れない工夫により、袖つけ、首の縁編みとの接続がきれいになるようにしています】。

★衿ぐり…前後身頃中心の41目を休み目にし、右脇同様に、16目巻き目を作り、スティークの両端の目でそれぞれ減目しながら編みます。後ろ身頃も同様に編み進めます。

★肩…中表にし、地糸で引抜きはぎにします。始めに左袖ぐりのスティークの8目と8目をはぎ、続けて左肩（27目）をはぎ、前後身頃の衿ぐり部分のスティーク（16目）、右肩（27目）、右袖ぐりのスティーク8目と8目を続けてはぎ、肩で柄を合わせます（写真1・2）。

★袖…身頃と同様に、122から輪に編み始め、縁編みを編み、編込み模様と、地糸での1目かのこ編みの4段めから4段ごとに、目数を減らしていきます。
以降、左右に向きのあるねじり増し目をしながら編み進み、袖山下で、3＋2＝5目の伏止めの後、減目をしながら往復編みで袖山を編みます（写真3）。
前後身頃袖ぐりと袖山に、図に示している合い印をそれぞれつけておきます。

★衿ぐりの縁編み…衿ぐりのスティークの真ん中を切ります（写真4）。肩線位置から休み目全目と全段目を拾い（186目）、輪にして、ガーター編みで4段編み、最後は裏目の伏止めにします。

★袖つけ…身頃の袖ぐりのスティークの真ん中を切ります（写真4）。袖山中心と肩線、合い印をそれぞれ合わせ、バランスよくまつります。裏から引抜きとじ、または半返し縫いなどでもよいですが、表面を見て、すべての接続部分や、左右のずれがないかを確認しながら、細かくすくいとじをするのがおすすめです。身頃の袖ぐり下は休み目から目がつながるように（メリヤスはぎの要領で）はぎます【＊肩で柄を合わせるため肩下りのない身頃に、袖山のある袖を合わせています。身頃の肩幅が狭いことも利点としつつ、故意に袖山の距離をアームホールより若干小さくとり、肩線がなだらかに（肩下りができやすいように）袖に結びつくようにしています（通常のいせ込みの逆）】。スティークを始末します（p.55参照）。

写真1　肩はぎをしたところ

写真2　肩の柄合せの表情

写真3　袖下・段ずれ位置の表情

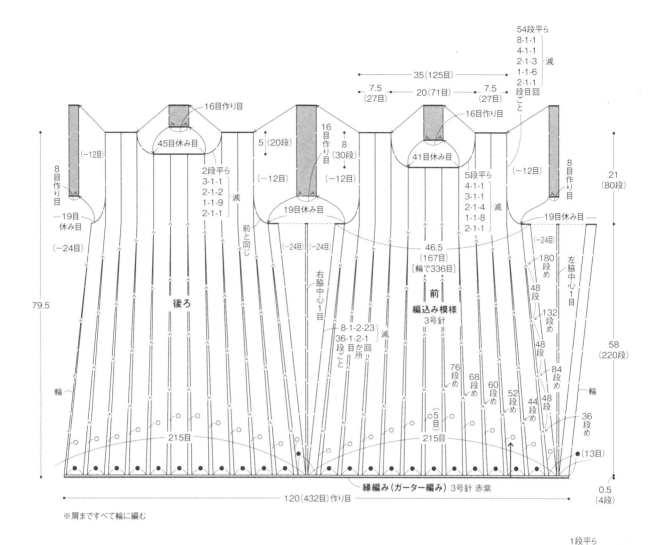

写真4 袖ぐり、衿ぐりを切り開いたところ

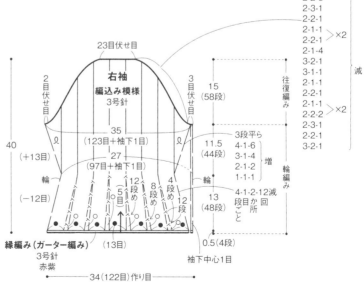

### 編込み模様とかのこ編み
(身頃編始め)
一模様＝13目20段

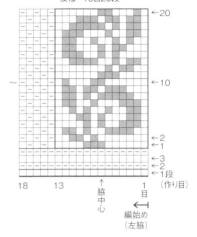

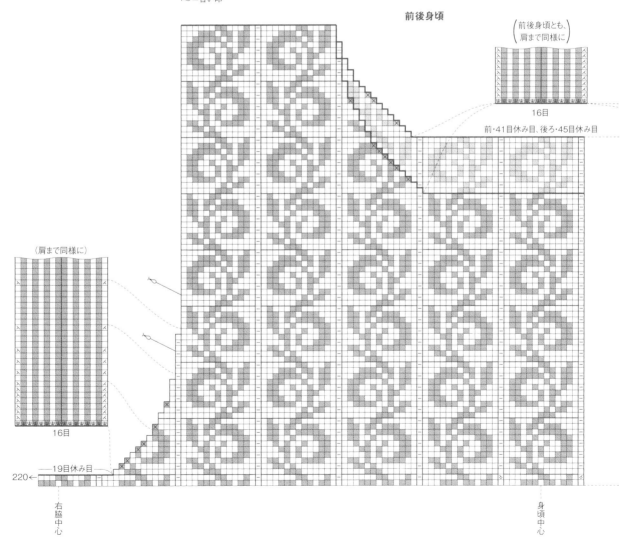

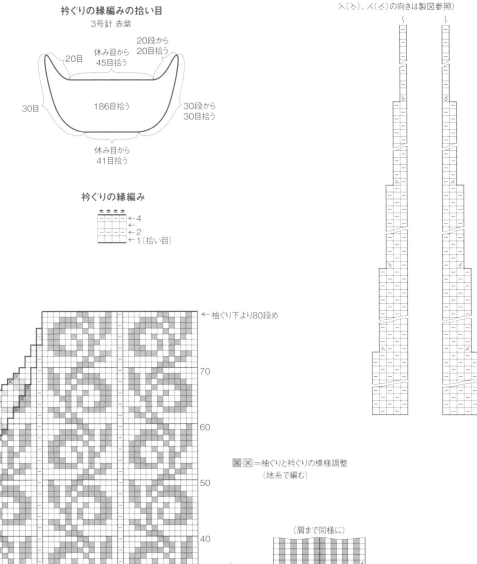

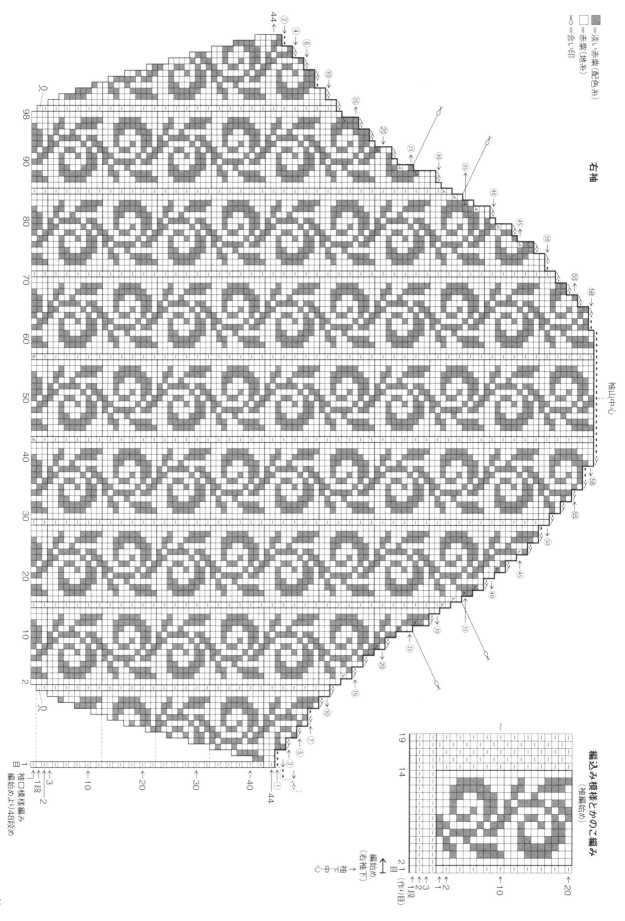

# Stamps
スタンプス[切手]

photo p.24・27

糸　　[ローワン（Rowan）] フェルテッドツイード（Felted Tweed）
　　　色番号・色名・必要量は表参照。参考出来上りの重さ260g
用具　5号、4号棒針
ゲージ　編込み模様（5号針）30目30段が10cm四方
サイズ　胸囲89cm 着丈56cm 背肩幅34.5cm（ゴム編みを含む）

---

★身頃編始め…5号針使用。B色で別鎖の作り目（この作品は作り目を1段と数えない）で266目作り、配色表と図を参照して、編込み模様1段めの2色に結び替え、輪にして左脇から編込み模様を編み始めます。1段に3色、4色になる箇所も、通常のファアイルと同様に、それぞれの糸をからめないように並行に送り編み込みます。また、色が変わってもモチーフは同じなので、4色の糸を送る位置の上下（手前・向う）は常に同じにして編みます。

★脇下部分、袖ぐりのスティーク（切り代）…脇下まで編めたら、糸を切って結び、一旦編み終えます。10目休み目にし、右針に8目巻き目を作ります。その際、2色の糸を使い、順に、J色→D色→J→D→J→D→J→Dと針にかかるように、裏で1目分糸を渡しながら交互に目を作ります。右脇は、17目休み目にし、巻き目をD色から始め、色が交互になるように16目作り（最後はJ色）編み進めます。最後左脇で7目休み目にし、巻き目をJ色から始め、色が交互になるように8目作ります【＊ここでは、それぞれの身頃は左右対称の色並びですが、肩で色柄を合わせるために、前後身頃では色の配置が逆転しています。袖ぐりのスティークの色並びも、真ん中から対称にならずに、編込み模様身頃側の目（スティークの両端の目）は同色になりません。前後の衿ぐりは、身頃中心から対称なので、スティークの色並びは対称になります。また、スティークの目数を一般的な6目×2＝12目ではなく8目×2＝16目にしているのは、編み込む本数が多いためで、切った時にできるだけほどけにくいようにスティークの目数と色を指定しています。併せて、袖ぐりは前後身頃対称ではなく、より体にそうかたちにデザインしているため、休み目の目数も前後身頃で違うので、両脇中心位置と共に、確認と注意が必要です】。

次の段からは身頃側の目とスティークの両端の目をそれぞれ2目一度にし、カーブを作りながら編みます（写真1）。

★衿ぐりと肩の色替え…前身頃中心の27目を休み目にし、16目巻き目を作り、袖ぐり同様にスティークの両端の目でそれぞれ減目しながら編みます。
後ろ衿ぐりも、同様にします。この段からは、前後身頃の色が替わるので、両サイドの袖ぐりのスティーク中心部分で、その都度糸を結び合わせながら輪に編むか、またはこの位置から前後身頃をそれぞれの色糸で往復編みにします。

★肩…中表にして、最終段に使ったどちらかの色糸1本で引抜きはぎにします。始めに左袖ぐりのスティークの8目と8目をはぎ、続けて左肩（21目）、前後身頃の衿ぐり部分のスティーク（16目）、右肩（21目）、右袖ぐりのスティーク8目と8目を続けてはぎ、肩で柄を合わせます（写真2・3）。

★ゴム編み…4号針使用。袖ぐりと衿ぐりは、それぞれの箇所の作業に入る直前にスティークの真ん中を切ります（写真4）。拾い目はB色で休み目全目と全段拾います。袖ぐりは脇中心より、衿ぐりは後ろ身頃左肩側のスティークの端の目（後ろ身頃肩より1段下）から目を拾い始めます。裾は別鎖をほどき針に戻します。それぞれ2目ゴム編みの編みの1段めで減目しながら編みます。
最後はA色で目なりの伏止め（下の目が表目の場合は表目を編んで、下の目が裏目の場合は裏目を編んで、それぞれ伏止め）をします【＊この作品は柄合せのため、肩下りのないデザインなので、通常の仕上げ方よりもゴム編み部分をつらせて少しでも体にそう工夫が必要です。そのため目数の調整などを行なってもよいでしょう】。スティークを始末します（p.55参照）。

写真1　袖ぐりスティークの表情

写真2　肩はぎをしたところ

写真3　肩の柄合せの表情

写真4　袖ぐり、衿ぐりを切り開いたところ

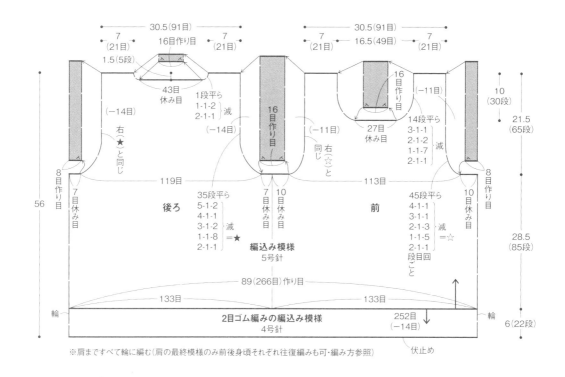

身頃（脇〜肩）

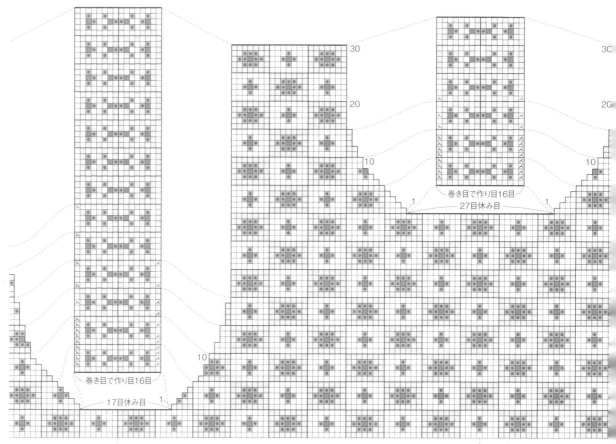

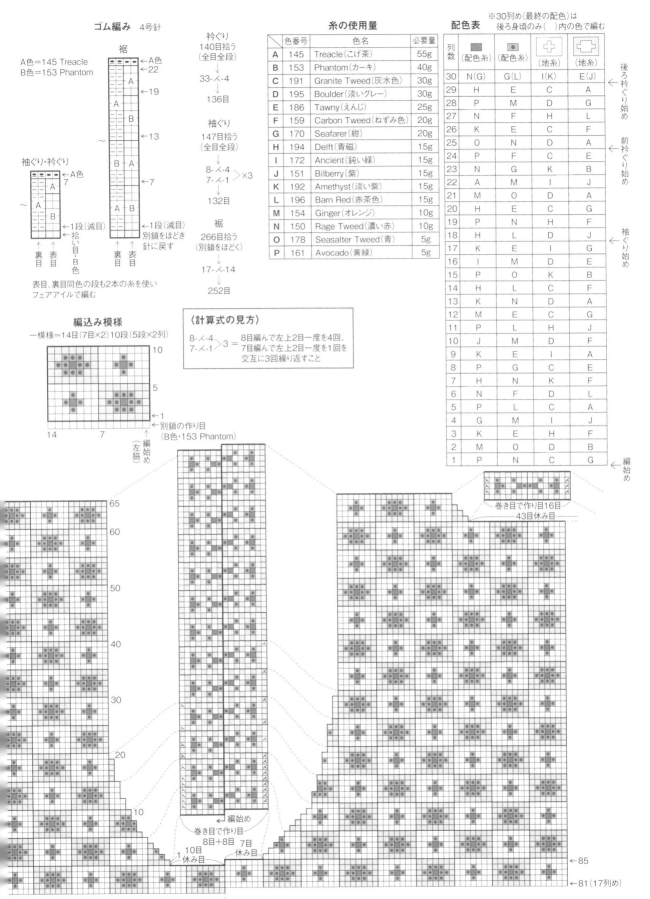

# Windmill
ウィンドミル〔風車〕

photo p.28・31

糸　［オステルヨートランド（Östergötlands Ullspinneri）］ヴィーシェ（Visjö）・ナチュラル
濃いグレー（Mörkgrå）
［オステルヨートランド（Östergötlands Ullspinneri）］オンブレ（Ombré）
段染めのグレー（Natur）
〈ベスト〉濃いグレー約200g、段染めのグレー約300g（出来上りの重さ約380g）
〈スヌード〉濃いグレー約140g、段染めのグレー約140g（出来上りの重さ約280g）
（この作品は、段染めの表情が好みの色の出具合になるように切ってつないで使用しています。そのため、ベストの分量表記が多めになっています）

用具　〈ベスト〉5号、4号棒針　〈スヌード〉5号棒針
ゲージ　編込み模様（5号針）31目31段が10cm四方
サイズ　〈ベスト〉胸囲97cm 着丈62.5cm 背肩幅37cm（ゴム編みを含む）
〈スヌード〉幅16cm 輪の長さ145cm

〈ベスト〉

★身頃編始め…5号針使用。A色（濃いグレー）で別鎖の作り目（この作品は作り目を1段と数えない）300目作り、B色（段染めのグレー）を結び合わせ、輪にして編込み模様を編みます。袖ぐり下まで編んだら、A色とB色を切って結び、一旦編み終えます。

★袖ぐり下部分、袖ぐりのスティーク（切り代）…12目休み目にし、右針に6目巻き目を作ります。その際、2色の糸を使い、順に、B色→A色→B→A→B→Aとなるように、裏で1目分糸を渡しながら交互に目を作ります。右脇は24目休み目にし、前後身頃の身頃側がA色から交互の色になるように（6目めと7目めはB色になる）12目巻き目で作ります。最後左脇の12目を休み目にし、6目巻き目で、A色→B色→A→B→A→Bと作ります。次の段からは身頃側の目とスティークの両端の目をそれぞれ2目一度にし、カーブを作りながら編みます。

★前衿ぐり…前身頃中心の26目を休み目にし、右袖ぐり同様に、12目巻き目を作り、スティークの両端の目でそれぞれ減目しながら編みます。

★肩…前後身頃を中表にして、1本どり（任意の色）で引抜きはぎにします。始めに左袖ぐりのスティークの6目と6目をはぎ、続けて左肩（22目）をはぎ、後ろ身頃衿ぐりの56目を休み目にし、糸を切らずに前身頃衿ぐりのスティーク12目を伏目にし、以降続けて右肩（22目）をはぎ、最後に右袖ぐりのスティークの6目と6目をはぎ、肩で柄を合わせます（写真1）。

★ゴム編み…4号針使用。A色（濃いグレー）を表目、B色（段染めのグレー）を裏目の2目ゴム編みの編込みにします。袖ぐりと衿ぐりは、それぞれの箇所の作業に入る直前にスティークの真ん中を切ります。裾は、別鎖をほどき針に戻しておきます。袖ぐりと衿ぐりの拾い目はA色（濃いグレー）で全目（休み目）全段拾います。袖ぐりは、拾い目180目（全目全段）、衿ぐりは、前後身頃の境目（前身頃衿ぐりのいちばん上の段）から拾い始め、142目（全目全段）、それぞれ8段編みます。裾は、拾い目300目、2目ゴム編みの編込みの1段目で、13編んで2目一度×20回＝280目に減目して24段編みます。

それぞれA色で目なりの伏止め（下の目が表目の場合は表目を編んで、下の目が裏目の場合は裏目を編んで、それぞれ伏止め）をします【＊この作品は柄合せのため、肩下りのないデザインなので、通常の仕上げ方よりもゴム編み部分をつらせて少しでも体にそう工夫が必要です。そのため目数の調整などを行なってもよいでしょう】。スティークを始末します（p.55参照）。

〈スヌード〉

5号針使用。別鎖の作り目（この作品は作り目を1段と数えない／本体を編む糸で鎖目を作り、糸を切らずに続けて裏山を拾う方法でも可。この段は最終的に中に入って見えなくなる）で100目作り、輪にしてベストの編み図に記された裾部分の一模様50目を2回繰り返して編み始め、一模様50段を9回繰り返しますが、最後は1段手前（449段）で編み終え、最終段はA色B色それぞれとじ針を使い、始めの作り目と編込み模様の1段めの間をとじ針ですくい、最終段の柄を崩さないようにメリヤスはぎにして柄を合わせます（写真2）。

写真1　肩の柄合せの表情

写真2　スヌードのはぎ合せ

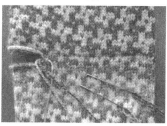

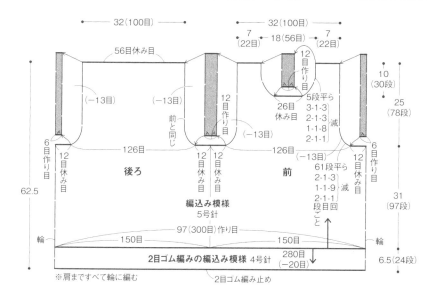

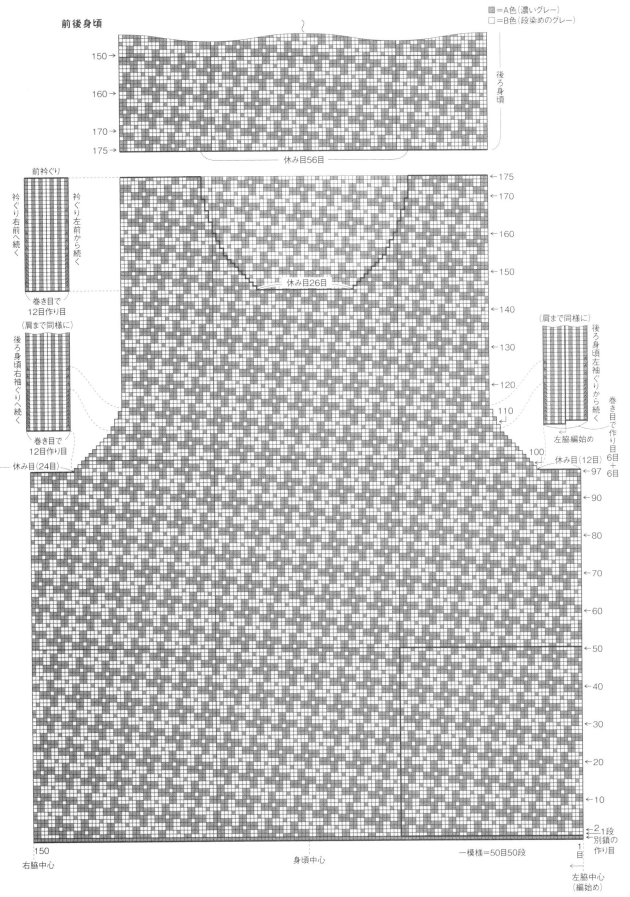

# Ophelia
[Homage to Äse Lund Jensen]

オフィーリア
[オーセさんの小花]

photo p.32・35

糸　[イサガー（Isager）] ハイランドウール（Highland Wool）
オーシャン（Ocean）、モス（Moss）、カレー（Curry）、ストーン（Stone）、クレイ（Clay）、スカイ（Sky）、ターコイズ（Turquoise）
[イサガー（Isager）] アルパカ1（Alpaca1）
フォレスト（Forest）、タイム（Thyme）
〈ベスト〉オーシャン110g、モス20g、フォレスト80g、タイム15g、他の配色糸各少々（3～5g）
〈アームウォーマー〉オーシャン30g、モス10g、フォレスト25g、タイム10g、他の配色糸各少々（3～5g）

用具　〈ベスト〉4号、2号、1号棒針　〈アームウォーマー〉4号、2号棒針

ゲージ　編込み模様（4号針）33目33段が10cm四方
メリヤス編み（2号針）33目41段が10cm四方

サイズ　〈ベスト〉胸囲93cm（脇ゴム編みを含む）着丈51cm 背肩幅34cm（ゴム編みを含む）
〈アームウォーマー〉長さ30.5cm 手首回り19cm 腕回り24cm

〈ベスト〉
地色とメリヤス編み、ゴム編み部分はオーシャンとフォレストの2本どり、配色（葉）はモスとタイムの2本どり、配色（花）は各色の配置図を参照し、1本どりで編みます。
★身頃編始めとスティーク（切り代）～肩…2号針使用。別鎖の作り目と巻き目の作り目で298目作ります。地糸で始めにスティーク分として右針に6目巻き目を作り、続けて前身頃部分として137目を別鎖から目を拾い、12目巻き目を作り、後ろ身頃部分として137目を別鎖から目を拾い、右針に6目巻き目を作り、輪にします。左脇のスティークの真ん中を編始め位置として、前後身頃の両脇にスティークを編みます。
2段編めたら4号針に替え、編込み模様に入ります。渡り糸が長い箇所では、はさみ込みながら編み進みます。スティークは地糸と配色糸の縦縞になるように編み、32段めからは、身頃側の目とスティークの両端の目をそれぞれ2目一度にし、カーブを作りながら編みます。編込み模様部分最終段（100段め）では、最初のスティークの5目と、右脇側のスティークの両端の目を残した10目、最後に左脇のスティークの最後の5目を伏止めにして、配色糸と地糸を切り、結んで一旦編み終えます
【※スティークの目をすべて伏せず、両端1目を残すのは、メリヤス編み部分のゴム編みの拾い代が編込み部分からきれいにつながるようにするため】。
2号針に替え、前後身頃共、肩までメリヤス編みでそれぞれ往復編みにし、中表にして肩を引抜きはぎにします（写真1）。
★ゴム編み…拾い目と始めの数段は2号針を使用します。以降編み地の様子を見ながら1号針に替え、2目ゴム編みで編みます。

前後身頃の両脇のスティークの真ん中を切り開き、脇、袖ぐり位置から拾い目をし、2目ゴム編みを編み、拾い目の段を含め13段編んだら（約2.5cm）両裾側35目を休み目にし、それ以外の目を2目ゴム編み止めにします（写真2）。前後身頃の休み目（35目）は、2目ゴム編みの表目裏目がつながるように、かぶせはぎにしておきます。
裾は、身頃の別鎖をほどき針に戻しておき、脇のかぶせはぎでつなげたゴム編み部分の真ん中から、1目内側から8目拾い、続けて後ろ身頃（137目）を表目で編み、右側のゴム編み部分の1目内側から17目拾い、前身頃（137目）を表目で編み、最後に残りのゴム編み部分から9目拾い、輪にします（308目）。以降2目ゴム編みで33段編み（約7cm）、2目ゴム編み止めをします。衿ぐりは、図を参考に目を拾い、以降2目ゴム編みで14段編み（約3cm）、2目ゴム編み止めにします。スティークを始末します（p.55参照）。

〈アームウォーマー〉
2号針使用。別鎖の作り目で64目作り、輪にして3段編んだら4号針に替え、編込み模様を編みます。花の部分の配色は、ベストの順番と同じです。左右に向きのあるねじり増し目をしながら、図を参考に段ずれ位置で柄がきれいに収まるように編み進み、編込み部分が終わったら2号針に戻し3段編みます。続けて2号針で2目ゴム編みを編みますが、目と目の間の渡り糸を引き上げてねじり増し目にし、12段編み（約2.5cm）、2目ゴム編み止めにします。手首側も同様に、別鎖をほどき針に戻し、1段めでねじり増し目にし、9段編み（約2cm）2目ゴム編み止めにします（p.103写真3）。

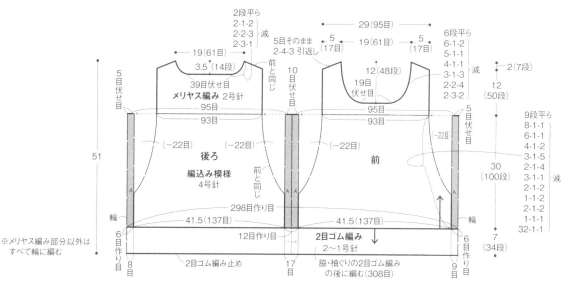

※メリヤス編み部分以外はすべて輪に編む

写真1 前後身頃が輪に編め、肩はぎをしたところ

写真2 切り開き、両脇にゴム編みを編んだところ

前後身頃

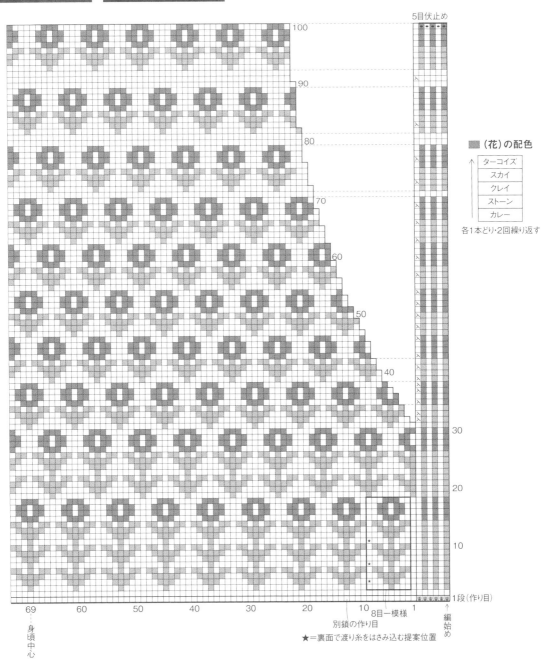

■（花）の配色

↑ ターコイズ
スカイ
クレイ
ストーン
カレー

各1本どり・2回繰り返す

5目伏止め

100
90
80
70
60
50
40
30
20
10
1段（作り目）

69　60　50　40　30　20　10
身頃中心　　　　　　　別鎖の作り目　8目一模様　編始め

★＝裏面で渡り糸をはさみ込む提案位置

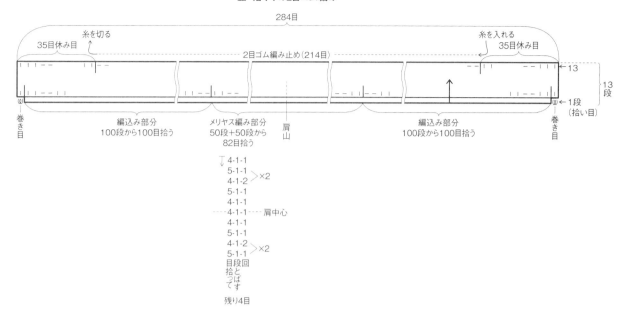
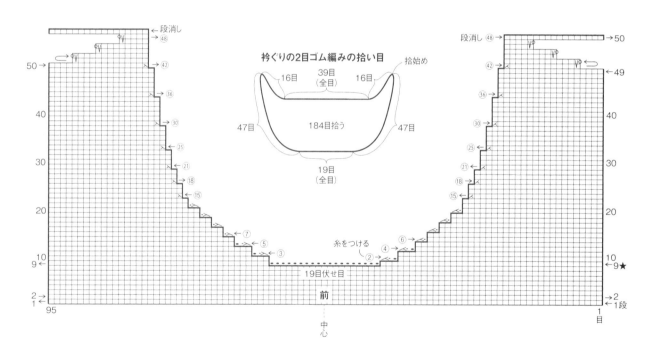
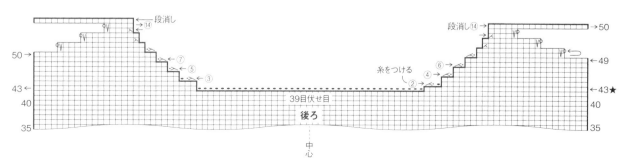

写真3　アームウォーマー
段ずれ位置の表情

## アームウォーマー

**2目ゴム編み部分への増し目**

腕側(80目→88目)　手首側(64目→68目)
10-⌒-8　　　　　　8-⌒-1
目を回　　　　　　16-⌒-3
ごとに　　　　　　残り8目

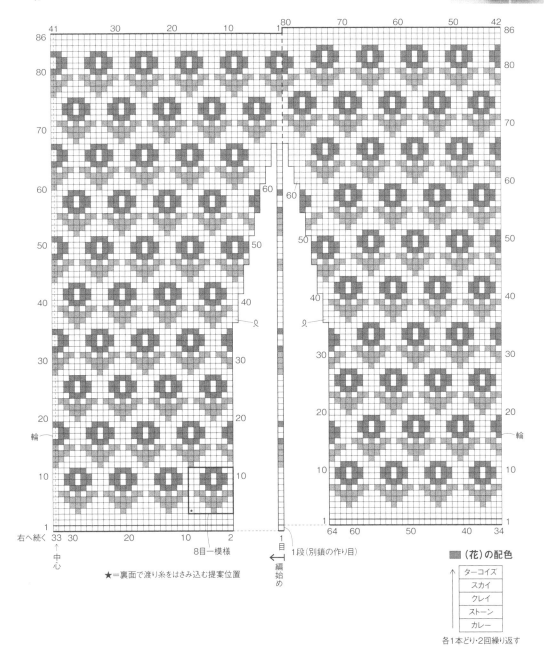

★=裏面で渡り糸をはさみ込む提案位置

■(花)の配色

| ↑ | ターコイズ |
| | スカイ |
| | クレイ |
| | ストーン |
| | カレー |

各1本どり・2回繰り返す

# Rondo

ロンド

photo p.40-43

| | |
|---|---|
| 糸 | ［イサガー（Isager）］ツイード（Tweed）<br>ウォルナッツ（Walnut）、ネイビー（Navy）<br>［イサガー（Isager）］アルパカ1（Alpaca1）<br>鈍い紫（60）、ミッドナイト（Midnight）<br>［イサガー（Isager）］トゥヴィニ（Tvinni）<br>黄緑（15s）、オレンジ（1s）、山吹（3）、青（16）、青紫（25s）、濃い赤（33s）、グレー（42）<br>［イサガー（Isager）］スピニ（Spinni）薄ベージュ（7s）<br>［イサガー（Isager）］ハイランドウール（Highland Wool）<br>チリ（Chili）、ワイン（Wine）<br>糸の使用量は下記表を参照 |
| ボタン | 〈カーディガン〉直径約1.5cmのボタン7個 |
| 用具 | 〈カーディガン〉4号、3号、2号棒針 〈ベレー〉4号、3号、2号棒針 |
| ゲージ | 模様編み（4号針）28目60段が10cm四方<br>裏メリヤス編み（3号針）28目38段が10cm四方 |
| サイズ | 〈カーディガン〉胸囲96.5cm（前立てを含む）着丈56cm ゆき丈73cm<br>〈ベレー〉最大直径26cm |

〈カーディガン〉

地色はウォルナッツと鈍い紫の2本どり、模様編みの茎と葉は黄緑と薄ベージュの2本どり、模様編みの花はハイランドウールまたはトゥヴィニの指定の色2本どりで編みます。

★身頃と袖…3号針使用。身頃は、別鎖の作り目（この作品は作り目を1段と数えない）で264作り、4号針に替えて前後身頃を続けて模様編みを編みます。以降3号針に替えて裏メリヤス編みで編み進めます。図を参照してラグラン線部分とヨーク接続部分のカーブを編みます【＊長い輪針で図の順に編むと、三角の編み地部分が、編む方向や順序のために針を入れ替える（移す）ことなく順に次々と編み終わっていき、また限りなく左右対称になります】。

袖は、同様に作り目60目から輪に始め、模様編みに入ったら、目と目の間の渡り糸をねじって1目増やして61目にし、以降裏メリヤス編みの部分では、左右に向きのあるねじり増し目をしながら編み進めます。ラグラン線部分とヨークに接続する部分は往復編みで、身頃同様に順にカーブを編みます。それぞれのパーツを、脇下の休み目はメリヤスはぎに、ラグラン線部分はすくいとじにします。

★ヨーク…図を参照して、3号針で目を拾い364目に整え、4号針で模様編みを指定の段で減目しながら編みます【＊背中心では、花のモチーフが中心線とその左右になる配置を交互に繰り返し、背中心から左右対称にきれいに並びます】（写真1・2）。6列めの最後の減目をして139目に整え、2号針で両面ねじり1目ゴム編みで編み、ねじり1目ゴム編み止め【＊あらかじめ、より細い号数の針ですべての目をねじり目にしておき、通常の1目ゴム編み止めをするとやりやすい】をします。

★ゴム編み…2号針使用。裾と袖口は別鎖をほどいて針に戻し、衿ぐりのゴム編み同様に編みます。

★前立て…図を参照して拾い目をし、ボタンホールをあけます。

〈ベレー〉

3号針使用。別鎖の作り目（この作品は作り目を1段と数えない）で190目作り輪にし、1段裏目で編んだ後、4号針に替えて模様編みを編みます。指定の段で増し目（目と目の間の渡り糸をねじって1目増やす）、減目をします。最後の列の模様編みでは柄の途中でも減目をします。6列模様編みが編めたら2号針に替え編み進み、最後は引き絞って止めます。かぶり口は、別鎖をほどき針に戻し、解説を参考に、減目をして両面ねじり1目ゴム編み、最後はカーディガンの衿ぐりと同様にねじり1目ゴム編み止めにします（p.109参照）。

写真1 模様編み裏面の表情

写真2 ヨーク、背中心の模様編みの表情

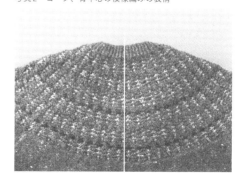

## 糸の使用量

| 糸名 | カーディガン 色名 | 分量 | ベレー(茶系) 色名 | 分量 | ベレー(青系) 色名 | 分量 |
|---|---|---|---|---|---|---|
| ツイード | ウォルナッツ | 315g | ウォルナッツ | 40g | ネイビー | 40g |
| アルパカ1 | 60 鈍い紫 | 160g | 60 鈍い紫 | 25g | ミッドナイト | 25g |
| トゥヴィニ | 15s 黄緑 | 20g | 15s 黄緑 | 10g | 15s 黄緑 | 10g |
| スピニ | 7s 薄ベージュ | 20g | 7s 薄ベージュ | 10g | 7s 薄ベージュ | 10g |
| トゥヴィニ | 1s オレンジ | 各少々（3〜5g） | 1s オレンジ | 各少々（3〜5g） | 1s オレンジ | 各少々（3〜5g） |
| | 3 山吹 | | 3 山吹 | | 3 山吹 | |
| | 16 青 | | 16 青 | | 42 グレー | |
| | 25s 青紫 | | 25s 青紫 | | 25s 青紫 | |
| | 33s 濃い赤 | | 33s 濃い赤 | | 33s 濃い赤 | |
| ハイランドウール | ワイン | 7 6色 | ワイン | 6 6色 | ワイン | 6 6色 |
| | チリ | | チリ | | チリ | |

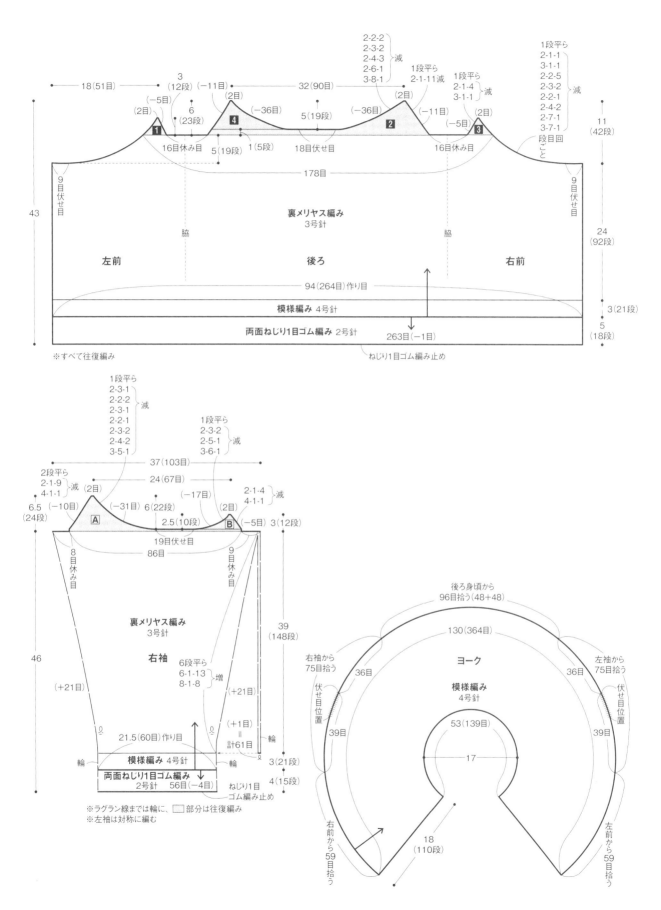

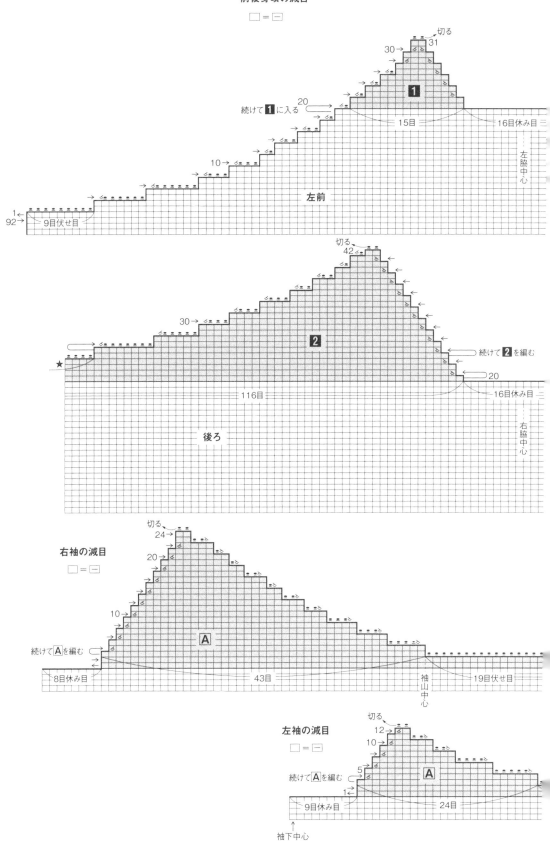

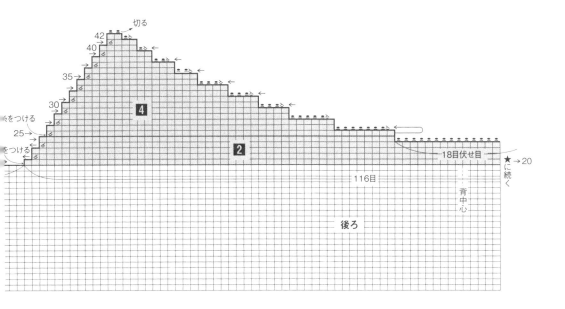
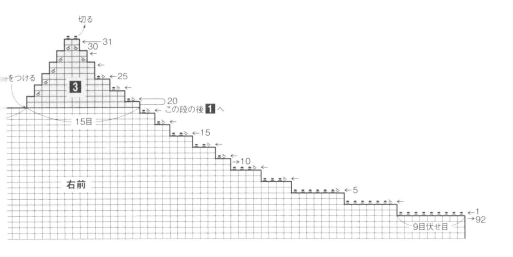
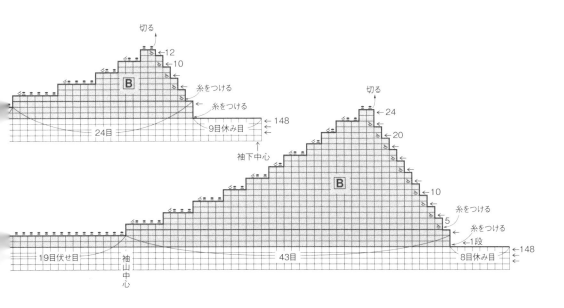

## 模様編みの編み方と図の読み方

★ガーター編みにすべり目を加えた編み地
★ V =すべり目　V =すべり目した目を次の段でもすべり目する
★3段め・4段めは2色の糸でフェアアイルの編込み、それ以外は1色ですべり目をしながら編む
★すべり目は目なり(裏目を編むように)すべらせ、裏面で糸を渡して編み進む。
　すべらせた目は表面に現われる。
　ただし、両端は表目を編むように針を入れてすべらせる
★フェアアイルの段(2段分)は、配色糸を編み地の端まで渡し、交差させて次の段に入る
★袖口の模様編みは一模様5目×12回=60目を輪に編む
★身頃・裾と、袖口の花の色はトゥヴィニの1sオレンジの2本どり

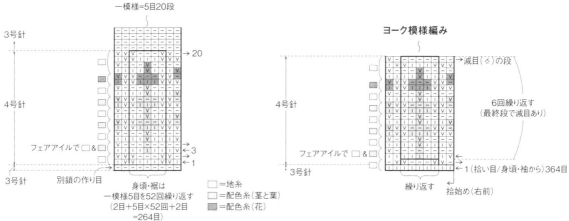

### ヨークの花の色と目数・減目

| 花の色<br>(同色2本どり) | 前身頃 | 袖 | 後ろ身頃 | 袖 | 前身頃 | 総目数 | 模様数 | 背中心の柄の配置 | |
|---|---|---|---|---|---|---|---|---|---|
| トゥヴィニ<br>3 山吹 | 26目 | 29目<br>15+14 | 39目<br>19+1+19 | 29目<br>14+15 | 26目 | 149目 | 29 | • | 11-ㅅ-1、12-ㅅ-9、10目 |
| ハイランドウール<br>チリ | 33目 | 39目<br>20+19 | 50目<br>25+25 | 39目<br>19+20 | 33目 | 194目 | 38 | •  • | 5-ㅅ-1、2-ㅅ-1、3-ㅅ-1、2-ㅅ-7、3-ㅅ-1、2-ㅅ-2、5目<br>×5 |
| トゥヴィニ<br>25s 青紫 | 40目 | 48目<br>25+23 | 63目<br>31+1+31 | 48目<br>23+25 | 40目 | 239目 | 47 | • | 4-ㅅ-1、3-ㅅ-1、4-ㅅ-1、3-ㅅ-4、4-ㅅ-1、3-ㅅ-2、4目<br>×8 |
| トゥヴィニ<br>33s 濃い赤 | 45目 | 56目<br>29+27 | 72目<br>36+36 | 56目<br>27+29 | 45目 | 274目 | 54 | •  • | 6-ㅅ-2、5-ㅅ-1、6-ㅅ-2、5目<br>×11 |
| トゥヴィニ<br>16 青 | 52目 | 66目<br>34+32 | 83目<br>41+1+41 | 66目<br>32+34 | 52目 | 319目 | 63 | • | 5-ㅅ-45、4目 |
| ハイランドウール<br>ワイン | 59目<br>拾う | 75目<br>39+36拾う | 96目<br>48+48拾う | 75目<br>36+39拾う | 59目<br>拾う | 364目<br>拾う | 72 | •  • | 7-ㅅ-1、6-ㅅ-6、5-ㅅ-1、6-ㅅ-14、5-ㅅ-1、6-ㅅ-7、6目<br>×2 |

### 計算式の見方

6-ㅅ-14、5-ㅅ-1　6目編んで左上2目一度を14回、
　　×2　　　　　=5目編んで左上2目一度を1回を
　　　　　　　　　交互に2回繰り返すこと

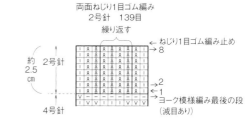

### 衿ぐりゴム編み
両面ねじり1目ゴム編み
2号針　139目

### 前立ての拾い目

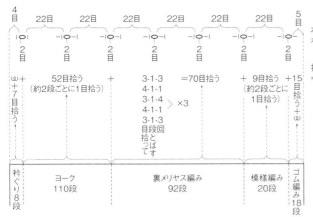

### 前立てゴム編みとボタンホール　2号針
両面ねじり1目ゴム編み
（ ☒ ＝2目一度の表面で上になる目はねじり目にする）

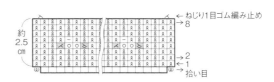

### 袖口ゴム編み　2号針
別鎖の作り目をほどいて針に戻し（60目）、
両面ねじり1目ゴム編みを編む。
1段で13-ㇸ-4にし56目に整え、
15段（約4cm）編んで
ねじり1目ゴム編み止めにする

### 裾ゴム編み　2号針
別鎖の作り目をほどいて針に戻し（264目）、
衿ぐりゴム編みの1段めからと同様に
両面ねじり1目ゴム編みを編む。
1段め、背中心で2目一度をし、263目に整え、
18段（約5cm）編んで
ねじり1目ゴム編み止めにする

## ベレー

### 花の色と目数・増減目

| 茶系 | 青系 | 総目数 | 模様数 | |
|---|---|---|---|---|
| トゥヴィニ<br>3 山吹 | トゥヴィニ<br>3 山吹 | 48目<br>↑<br>60目 | 12 | 3-ㇸ-12<br>ㇸ×60 |
| ハイランドウール<br>チリ | トゥヴィニ<br>1s オレンジ | 120目 | 24 | 1-ㇸ-60 |
| トゥヴィニ<br>25s 青紫 | トゥヴィニ<br>25s 青紫 | 180目 | 36 | 5-ㇸ-30 |
| トゥヴィニ<br>33s 濃い赤 | トゥヴィニ<br>33s 濃い赤 | 210目 | 42 | 9-ㇸ-1<br>10-ㇸ-1 }×10 |
| トゥヴィニ<br>16 青 | トゥヴィニ<br>42 グレー | 230目 | 46 | 5-ℓ-3<br>4-ℓ-1 }×10 |
| ハイランドウール<br>ワイン | ハイランドウール<br>ワイン | 190目 | 38 | ↑ |
| 花の色（同色2本どり） | | | | |

★増し目ℓは目と目の間の糸を引き上げて、裏目のねじり増し目にする
★茶系・地糸、茎と葉はカーディガンと同じ
★青系・地糸はツイードのネイビーとアルパカ1のミッドナイトの2本どり、
　茎と葉は茶系と同じ
★茶系・青系ともに花の色は上の表参照

### ベレー模様編み

### 模様編み（6回め）と最後の3段の減目

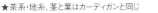

### かぶり口のゴム編み　2号針
別鎖の作り目をほどいて
針に戻し（190目）
両面ねじり1目ゴム編みを編む。
1段で
6-ㇸ-11、5-ㇸ-1
　　×2
にし、166目に整え、
6段（約2cm）編んで
ねじり1目ゴム編み止めにする

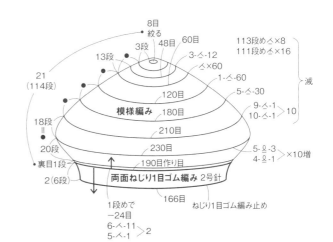

# Eclogue
エクローグ

photo p.44 46

糸　［イサガー（Isager）］ツイード（Tweed）
　　ボトルグリーン（Bottle Green）、トパーズ（Topaz）、チョコレート（Chocolate）、モス（Moss）、サンド（Sand）、ウォルナッツ（Walnut）、ノースシー（North Sea）
　　〈セーター〉ボトルグリーン235g、トパーズ50g、チョコレート45g、モス20g、サンド15g、ウォルナッツ、ノースシー各少々（5g程度）
　　〈帽子〉ボトルグリーン5g、トパーズ15g、チョコレート15g、モス5g、サンド5g、ウォルナッツ、ノースシー各少々（3g程度）
用具　〈セーター〉4号、2号、1号棒針　〈帽子〉4号、2号、1号棒針
ゲージ　編込み模様（4号針）31.5目36段が10cm四方
　　　　メリヤス編み（2号針）31.5目43段が10cm四方
サイズ　〈セーター〉胸囲96.5cm　着丈56.5cm　ゆき丈74cm
　　　　〈帽子〉頭回り56cm　深さ23cm

---

〈セーター〉

★身頃…2号針使用。別鎖の作り目で304目作り、輪にして図を参照してメリヤス編みを編み、以降4号針に替え、編込み模様に入ります。編込み模様の糸渡りが長い箇所（7目飛ぶところ）では、編み地がつれないように、真ん中の目（4目め）ではさみ込みながら編んでもよいでしょう。3色の編込みになる段が出てきますが、通常のフェアアイルと同様に、糸をからめないように並行に送り編み込みます。以降、2号針に替えてメリヤス編み部分を編み進めます。
102段め、前中心で伏止めにした後は、往復編みでラグラン線部分とヨークの接続部分のカーブを **1**〜**5** の順に編みます【※長い輪針で図の順に編むと、三角の編み地部分が、**3** までは編む方向や順序のため針を入れ替える（移す）ことなく順に次々に終わっていきます。**4** と **5** は、どちらが先になってもよく、ここだけ編み進む方向（糸をつける位置）が逆になるので、目を移し替えます。いずれも限りなく左右対称になります】。

★袖…袖は、身頃と同様に作り目80から輪に始め、編込み模様の後、メリヤス編みに入ったら、左右に向きのあるねじり増し目をしながら編み進めます。ラグラン線の部分とヨークに接続する部分は往復編みで、身頃同様に順にカーブを編みます。
それぞれのパーツを、脇下の休み目はメリヤスはぎに、ラグラン線部分はすくいとじにします。

★ヨーク…2号針で、右袖側の後ろ身頃の始まりの位置から目を拾い始め、各パーツから目を拾い（384目）、4号針で編込み模様を編みます。木の模様が編めたら、別図を参考に、減目をし（336目）、以降、鳥の編込み模様を編み進めます【※糸渡りが長いので、裏で糸をはさみ込みながら編みますが、できるだけ前の段ではさみ込んだ位置から間隔をあけ（前の段ではさみ込んだ位置の上、左右では、はさみ込まない）ます】（写真1）。
ヨークが編めたら、1目ゴム編みを編み、裏でダブルはぎ（または裏でまつる）にします【※この作品の使用糸は、単糸のため、とじはぎや、とじ針でのゴム編み止めなどでは多少切れやすいので、必要に応じて、撚りをかけながら作業をします】。

★ゴム編み…裾と袖口は別鎖をほどいて針に戻し、1目ゴム編みを編み、1目ゴム編み止めにします。

〈帽子〉
1号針使用。1目ゴム編みの作り目、176目を作り、輪にして図を参考に編み進めます（p.115参照）。

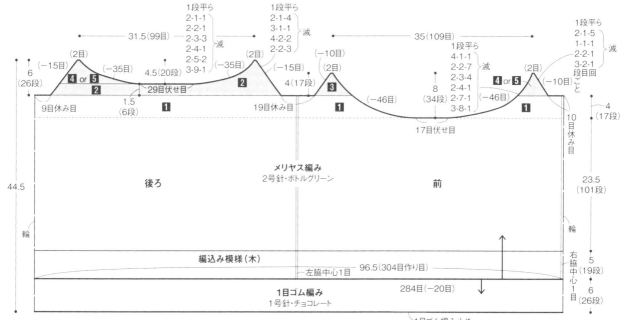

※前身頃ヨーク伏せ目位置までは輪に、その後は往復編み

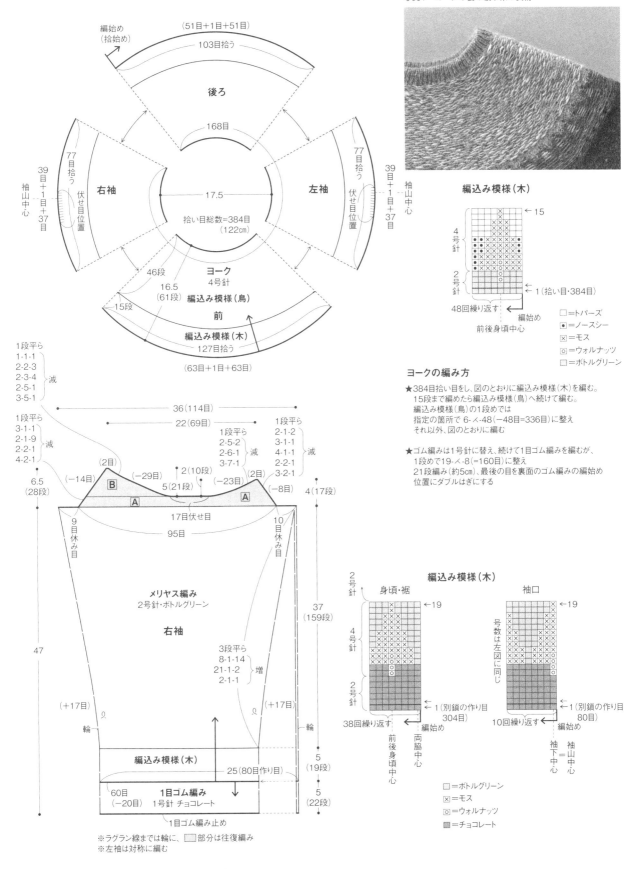

## 前後身頃の減目

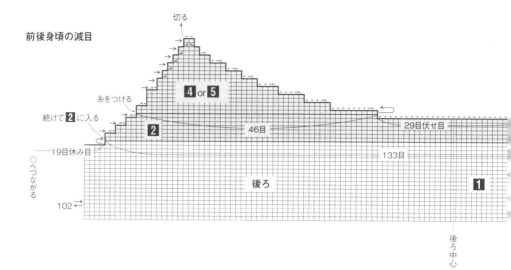

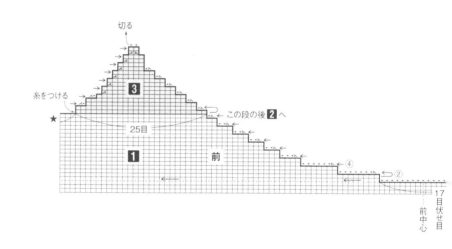

## 左袖の減目

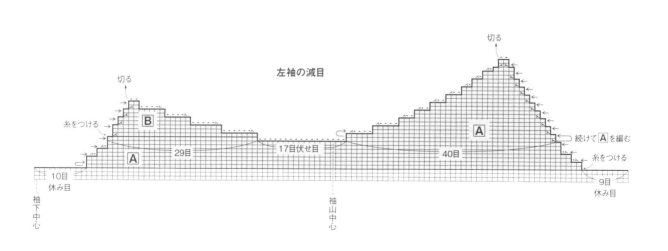

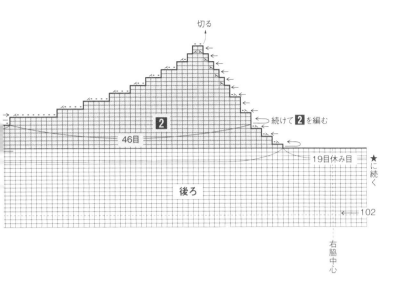

**1の編み方** メリヤス編み101段めに続けて編み始め(102段め)、前中心で17目伏せ目にし、続けて後ろ身頃部分も編み進め、伏せ目のところで折り返して編む。以降、後ろ身頃を常に編みながら往復編みで前身頃の前ヨークのカーブを作っていく。
(グラフでは同段表記になるが、輪編みから続けて編んでいるのでこの箇所は1段ずれて編むことになる。編み進める順①、②…参照)

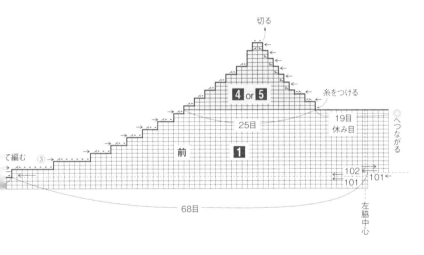

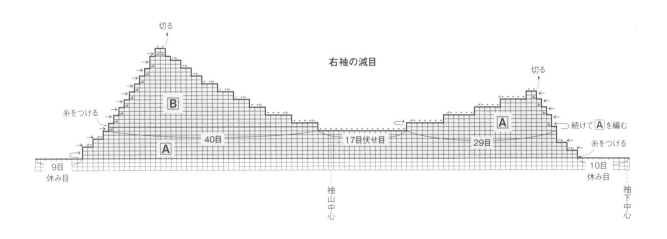

## ヨークの編込み模様（鳥）

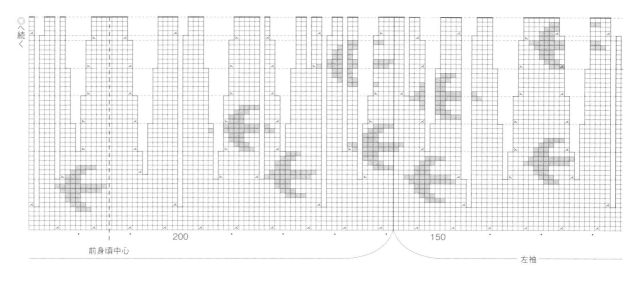

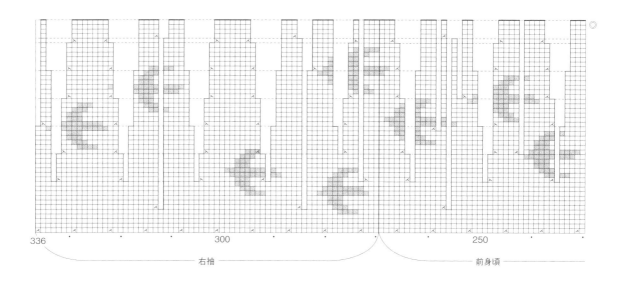

### ゴム編み

1目ゴム編み　1号針
チョコレート

裾　別鎖の作り目をほどき針に戻し(304目)、
　　1段めで 13-入-4, 14-入-1 にし(284目)、
　　　　　　　　×4
　　26段編む(約6cm)。
　　最後の段はリボン(p.66)を参照し、
　　∀ | ∀ | → − ∨ − ∨ (袋編み)を編み
　　1目ゴム編み止めにする

袖口　別鎖の作り目をほどいて針に戻し(80目)、
　　　1段めで 2-入-20 にし(60目)、
　　　22段編む(約5cm)。
　　　最後の段は裾と同様にする

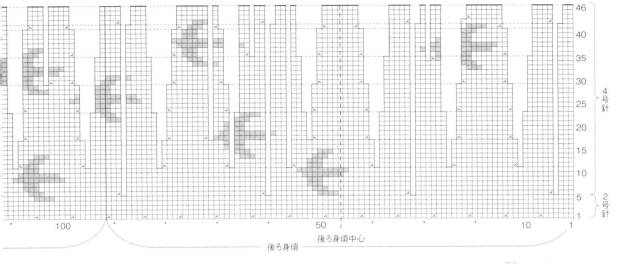

## 帽子

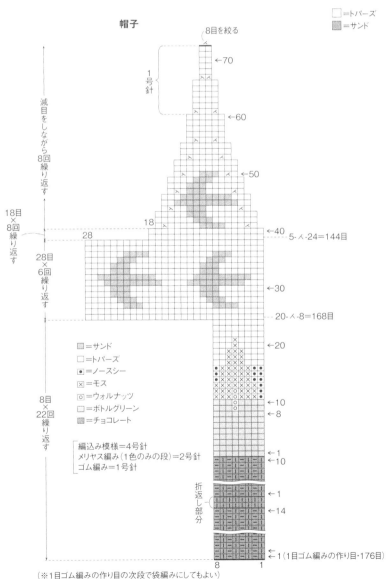

# Asa-no-Ha
(Geometric Hemp-Leaf from Japanese Pattern)

麻の葉

photo p.47, 50

| 糸 | ［イサガー (Isager)］ハイランドウール (Highland Wool) チャコール (Charcoal) 155g |
| --- | --- |
|  | ［イサガー (Isager)］アルパカ1 (Alpaca1) 黒 (30) 115g |
|  | ［イサガー (Isager)］トゥヴィニ (Tvinni) 薄ピンク (61s) 90g |
|  | ［イサガー (Isager)］スピニ (Spinni) 薄ベージュ (6s) 20g |
| 用具 | 3号、2号、1号棒針 |
| ゲージ | 編込み模様（3号針）36目36段が10cm四方 |
| サイズ | 胸囲89cm 裾幅50cm 着丈62.5cm（縁編みを含む）背肩幅34.5cm（縁編みを含む） |

地糸、縁編み、リボンはハイランドウールとアルパカ1の2本どり、配色は薄ピンクと薄ベージュをそれぞれ1本どりで編みます。

スティーク（切り代）の位置は製図を参照。

★身頃編始めとスティーク…3号針使用。別鎖の作り目（この作品は作り目を1段と数えない）と巻き目の混合で473目作ります。地糸で編始めにスティーク分として右針に7目巻き目を作り、続けて前後身頃部分として459目を別鎖から目を拾います。続けて右針に巻き目を7目作り、輪にして、この位置を編始め位置として編み進めます【*作り目の目数が多いので、すべての作り目を、棒針に編みつける作り目で始めてもよいでしょう。その際、裾の縁編み（Ｉ・コード）は作り目の内側を拾うことになるので、多少ごろつくかもしれません】。

編始めに、地糸→配色糸（薄ピンク）→地→配→地→配→地と巻き目から編み出し、図の編始め位置から編込み模様を始めます。各段最後のスティークも同様の並び順で地糸と配色糸を編み、スティーク部分を14目の縦縞（両端は地糸、真ん中2目も地糸）になるように編み進めます【*スティークの目数を一般的な6目×2＝12目ではなく7目×2＝14目にしているのは、スティークの段数が多いため、また、糸が比較的ほどけやすいので、切った後の作業中に許容範囲以上にほどけてしまわないように】。

11段めからは身頃側の目とスティークの両端の目をそれぞれ2目一度にして（身頃編み地側で1目減る）減目をしながら、また、脇では図を参考に、中上3目一度をしながら柄がきれいに収まるように編みます（p.119 写真1）。132段めからは、スティーク部分はそのまま続けて同様に衿ぐりの減目をしていきます。

★袖ぐり…139段めまで編んだら、前立て側のスティーク部分はそのまま進めながら、袖ぐり下で、8目＋1目（脇中心）＋8目＝17目を休み目にし、地糸から交互に、裏で1目分の糸を渡しながら巻き目で、地糸→配色糸→地→配→地→配→地を2回繰り返し、14目の巻き目を作り、以降身頃側の目とスティークの両端の目をそれぞれ2目一度にして（身頃編み地側で1目減る）減目をしながら進めます。

★肩、引返し編み、捨て編みの段消し…右前身頃の212段めからは、衿ぐり側から左右対称に引返し編みにします。始めに、衿ぐりのスティークの真ん中から続けて右前身頃部分を、スティークの7目も含めて引返し編みにします。12段編んだら、すべりやすい別糸を使い、段消しの段を袖ぐりのスティークまで編み（衿ぐり側のスティーク7目＋肩31目＋袖ぐり側のスティーク7目＝45目）、続けて2～3cmほどメリヤス編みを編み、伏止めにします（捨て編み）。

左前身頃も同様に、衿ぐりのスティークの真ん中に新たに糸をつけ、左前身頃部分を引返し編みにします。以降、右前身頃同様に別糸で段消しをしてメリヤス編みを編み、伏止めにします。

後ろ身頃も同様に、左右対称に引返し編みをしますが、後ろ衿ぐりが、肩下り（引返し編み）の始まり位置より上にあるので、212段めから6段分は、後ろ身頃中心あたりの位置から左右対称に編み始め、2段ごとに糸をつないで編み進めます。まず、後ろ身頃中心あたりに針先を持っていき、指定の色の糸をつけて、212段め、213段めと左右どちらかの2段を引返し編みで往復に編み、編始め位置近くまで編み戻り、一旦糸を切ります。編み始めた位置（212段）から新たに糸をつけ、残った側の2段を同様に引返し編みで往復に編み、先に編み戻った隣の目まで編み戻り、糸を切り、左右対称に編み始めた位置の糸どうしと、左右対称に編み戻った位置の糸どうしをそれぞれ結び合わせます。同様に残りの4段（2段分×2回）も同様の作業をします【*左右対称に編むために結び合わせる位置は、あえて背中心縦一列ではなく、多少離れてずらした位置のほうがよいでしょう。また、左右に編み始めた糸どうしと、左右対称に編み戻った糸どうしは、編込み模様の表情が乱れないように、糸の渡りぐあいを確認しながら結びます】。後ろ身頃が217段めまで編めたら、218段めからは、スティークを含めて編みます。始めに、後ろ衿ぐり53目を休み目にし、衿ぐり側に、地糸から交互に裏で1目分の糸を渡しながら巻き目で、地糸→配色糸→地→配→地→配→地と7目作り、以降、身頃側の目と衿ぐり側のスティークの両端の目をそれぞれ2目一度にして減目をしながら、左右共、対称に残りの引返し編みを往復に編み進めます。前身頃と同様に、別糸で段消し（袖ぐり側スティークの7目まで）、メリヤス編み、伏止めにします（p.119、117 写真2～4）。

肩の4つのパーツが編めたら、かぎ針で肩はぎをします。前身頃を手前にして、後ろ身頃と中表に合わせ、別糸の下の段＝身頃編込み模様の最終段の目の裏山に針を入れ、引抜きはぎにします。その際、段消しでかけ目を隣の目と2目一度にした箇所では、前後身頃から1本ずつ＝計2本ではなく、2本ずつ＝計4本になっているので、忘れずに一緒にかぎ針を入れ、すくいます。また、引抜きはぎは、衿ぐり側のスティーク7目と、袖ぐり側の7目も合わせて一気にはぎます。はぎ終わったら別糸で編んだ部分をすべてほどきます（p.117、119 写真5～9）。

★縁編み…前立てと裾。前立てのスティークを真ん中で切り開きます。以降、2号針を使用して両前立て側のスティークと身頃の間から目を拾い（全段）、裾の別鎖をほどき針に戻し、一気にＩ・コードを編みつけます。

リボンと衿ぐりは1号針使用。図を参考に、両衿ぐり部分のスティークと身頃の間から目を拾い、後ろ身頃衿ぐりの休み目は編み出しておきます。1目ゴム編みで始めにリボンを編み、続けて引返し編みで角度をつけ、左前身頃から身頃へ1目ゴム編みを編みながらつけていきます。最後に右前身頃から続けて引返し編みで角度をつけ、リボンを編みます（p.120 写真10）。

袖ぐりスティークは真ん中で切り開きます。以降、2号針で袖ぐり中心より休み目を編み出し、続いて袖ぐりのスティークと前後身頃の間から目を拾い（全段72目×2）、再び袖ぐり下の残りの休み目を編み出し、あらかじめ161目を拾っておき、前立て・裾と同様に、Ｉ・コードを編みつけます。

前立てと衿ぐり部分（リボンのつけ根）、袖ぐり下部分は、Ｉ・

コードの最後の目（または最初の目）からメリヤスはぎの要領で、きれいにつながるように始末します。

★まとめ…衿ぐりのリボン編始めと同様に、リボン約30cmを2本編み、指定の位置にとじつけます。スティークを始末します（p.55参照）【＊Ｉ・コードの編みつけは、数目分（ここでは3目分）裏で糸を渡すので、通常のゲージより縦伸びになります。

提示のゲージからできるだけ正確に割り出していますが、手加減で、伸びぎみになるなど、問題も出てくる箇所です。衿ぐり部分も同様の箇所です。そのため、様子を見ながら編みつける段の調整、もしくは号数を替えるなど、希望の収まりになるように考慮します。後ろ身頃背中心のあたりに、背守り風の糸飾りをつけてもよいでしょう】（p.120 写真11）。

写真4　引返し編み、段消し、捨て編み

写真5　引抜きはぎ

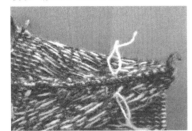

写真6　肩はぎができたところ

写真7　表面に捨て編みが残っている

写真8　表面の捨て編みをほどいたところ

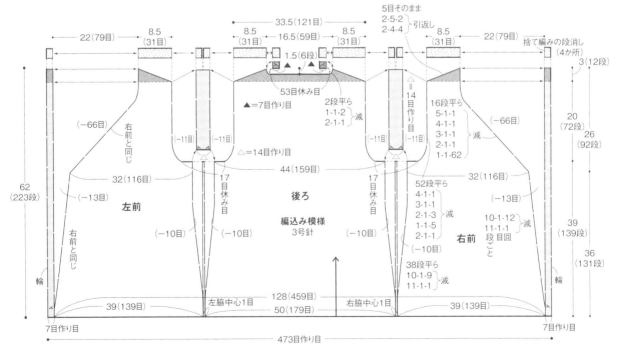

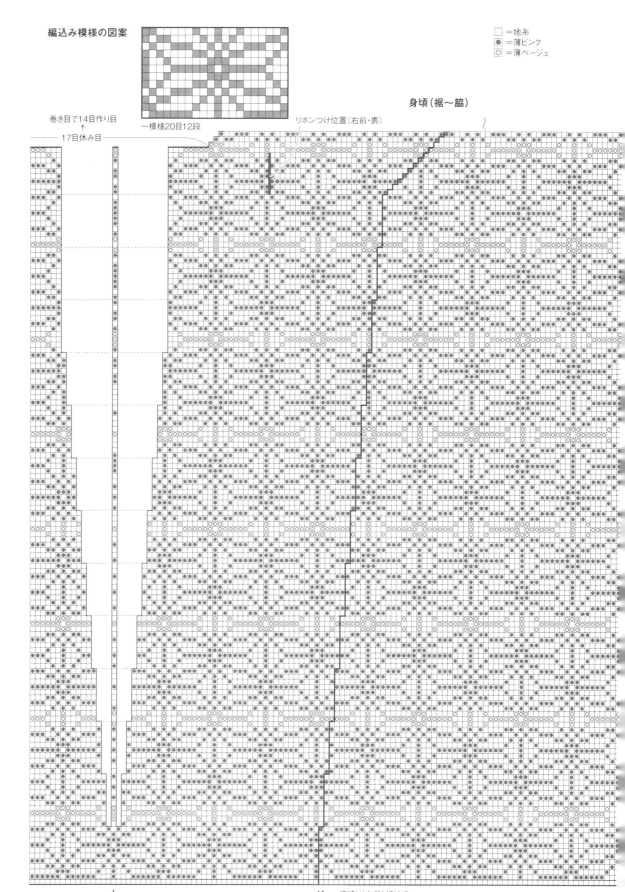

=リボンつけ位置（左右共に）
（袖ぐり下横）

リボンつけ位置（左前・裏）

p.120、121へ続く

巻き目で14目作り目
17目休み目

142
140
139
130
120
110
100
90
80
70
60
50
40
30
20
10
1

巻き目で7目作り目に
続けて編始め（右前）

別鎖の作り目（459目）

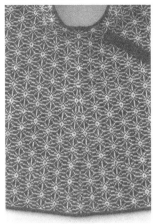

写真1　脇中心の表情

写真2　身頃編上り（横から）

写真3　身頃編上り（前から）

写真9　肩はぎをしたところ

写真10 リボン〜衿ぐりの接続

写真11 後ろ身頃（背守り）

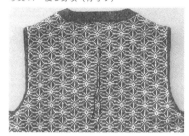

前立て〜裾〜前立ての
I・コード拾い目
2号針

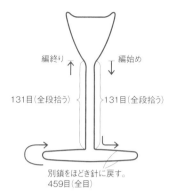

編終り　編始め

131目（全段拾う）　131目（全段拾う）

別鎖をほどき針に戻す。
459目（全目）

I・コードの編みつけ方
両端がとがった短い針に、指で針に糸をかける作り目で3目作り、
針をずらし、1目め側に針先がくるようにし、糸を後ろから回し、
引き締めぎみに再び作り目の1目め側より表目（メリヤス編み）で2目編み、
3目めで本体側の拾い目と右上2目一度に編む。
以後同様に糸を後ろから回し、編みつける

←作り目

身頃（脇〜肩）

53目休み目

→左前

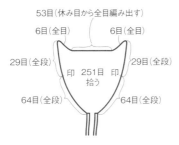

衿ぐりの拾い目
1号針

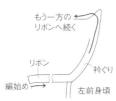

リボン〜衿ぐりの縁編み

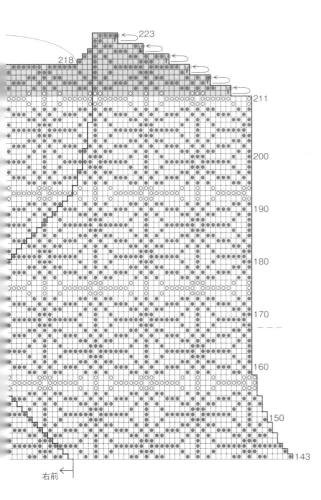

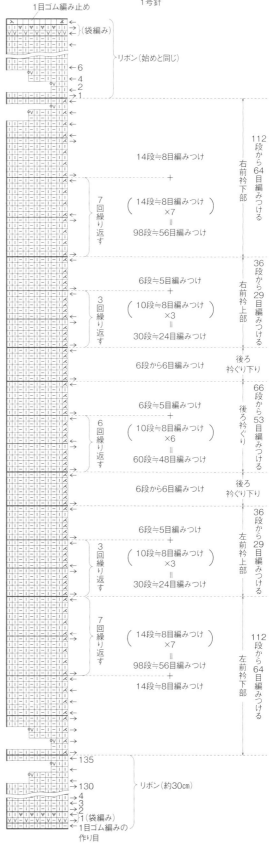

リボンと衿ぐりの縁編み
1号針

# 基本のテクニック
## 作り目
[指に糸をかけて作る作り目]

1 1目めを指で作って針に移し、糸を引く

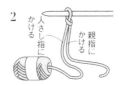

2 1目めの出来上り

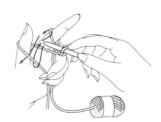

3 矢印のように針を入れて、かかった糸を引き出す

4 親指の糸をいったんはずし、矢印のように入れ直して目を引き締める

5 2目めの出来上り。以降、3、4を繰り返す。

6 出来上り

[別鎖の作り目]

1 編み糸に近い太さの木綿糸で、鎖編みをする

2 ゆるい目で必要目数の2、3目多く編む

3 編み糸で、鎖の編始めの裏の山に針を入れる

4 必要数の目を拾っていく

[棒針に編みつける作り目]

1 図のように糸を結んで輪を作る

2 できた輪の中に左針を通す(1目め)

3 左針にかかった目の中に右針を入れる

4 表目を編む要領で糸をかけて引き出す

5 右針にかかった目をねじって左針に移す(2目め)

6 1目めと2目めの間に右針を入れる

7 糸をかけて引き出す

8 右針の目をねじりながら左針に移すと3目めの出来上り。6〜8を繰り返す

9 最後の目を左針にかける。1段めの出来上り

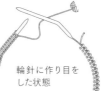

輪針に作り目をした状態

10 輪編みで次の段を編むときは、糸が右側にくるように裏に返して編み始める

[直接針に作る1目ゴム編みの作り目]

1 矢印のように針をくぐらせ、表目(1目め)を作る

2 矢印のように針をくぐらせ、裏目(2目め)を作る

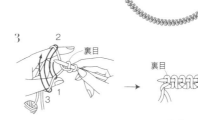

3 2回めからの表目は手前から糸をかける

2、3を繰り返して必要目数を作る

4 針を持ち替えて、表目、浮き目を交互に編み、最後の2目は表目で編む

5 針を持ち替えて、始めの2目は浮き目にし、あとは表目と交互に編む(4、5で袋編み1段)次の段から1目ゴム編みを編む

## 編み目記号と編み方

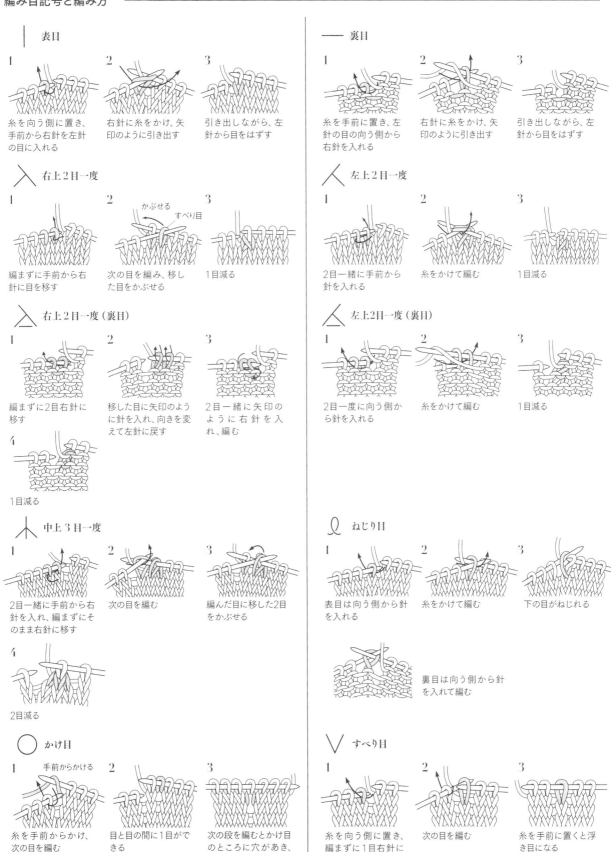

## 増し目

[ねじり増し目]

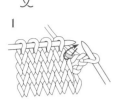
1 横糸を矢印のように右針ですくって左針にかける

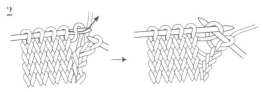
2 矢印のように右針を入れ、表目を編む

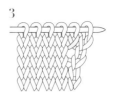
3 左側が上のねじり増し目

1 横糸を左針で矢印のようにすくう

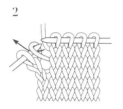
2 矢印のように右針を入れ、表目を編む

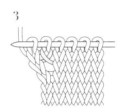
3 右側が上のねじり増し目

[巻き増し目]（巻き目の作り目）

糸のある側で針に糸を巻きつける

## 編込み模様

[フェアアイルの編込み（裏に糸が渡る方法）]

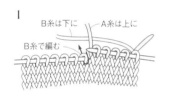
1 A糸で編み、B糸は下に渡す

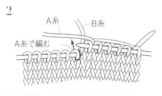
2 B糸で編むときは、A糸は上に渡す

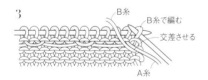
3 往復編みの場合は、編み地を持ち替えたら、編み端は必ず糸を交差させてから編む

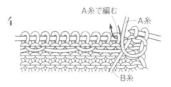
4 A糸をB糸の上に置いて編む。糸の渡し方の上下は、いつも一定にする

[裏の糸をはさみ込む方法]
表の色を編むとき、長く裏に渡る糸をはさみ込んで編む

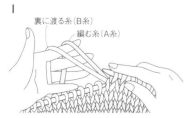
1 左手に糸をかけて編む場合は、2本の糸を間をあけてかける

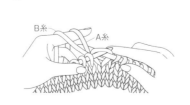
2 次に編み目に針を入れる

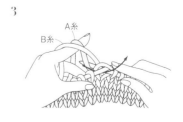
3 A糸をB糸の下からかけて編む

# 引返し編み

[編み残す引返し編み]　2-4-2　　引返し
　　　　　　　　　　　2-5-2

## 左側

### 1
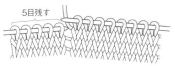
左端5目手前まで編む

### 2
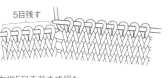
編み地を持ち替えて右針でかけ目をし、次の目をすべり目にして戻る

### 3
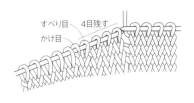
次の段は、すべり目を含めて4目手前まで編み、2と同じようにかけ目、すべり目で戻る

### 4
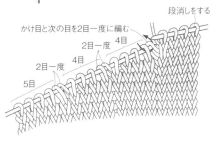
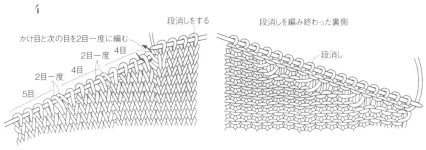
段消しは、かけ目の手前（すべり目まで）まで編んで、かけ目と次の目を左上2目一度に編む

## 右側

### 1
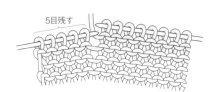
右端5目手前まで編む

### 2
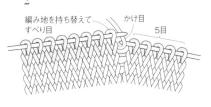
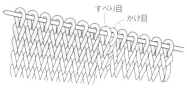
編み地を持ち替えて右針でかけ目をし、次の目をすべり目にして戻る

### 3
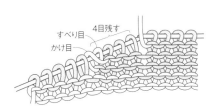
次の段は、すべり目を含めて4目手前まで編み、2と同じようにかけ目、すべり目で戻る

### 4
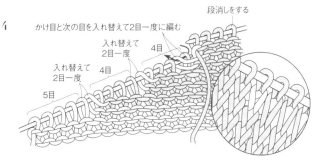
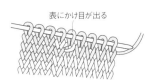
段消しは、かけ目の手前（すべり目まで）まで編んで、かけ目と次の目を2目一度に編むが、かけ目と次の目を入れ替えて2目一度する。かけ目と次の目を入れ替えないと、表面にかけ目が出る

## はぎ・とじ・止め

### [メリヤスはぎ]

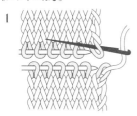

1
下の端の目から糸を出し、上の端の目に針を入れる

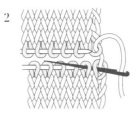

2
下の端の目に戻り、図のように針を入れる

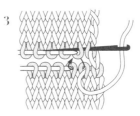

3
図のように上の端の目と次の目に針を入れ、さらに矢印のように続ける

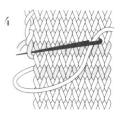

4
2,3を繰り返し、最後の目に針を入れて抜く。編終りどうしは半目ずれる

### [引抜きはぎ]

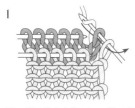

1
2枚の編み地を中表にして、端の目2目を引き抜く

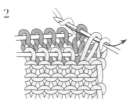

2
引き抜いた目と次の目の2目を一度に引き抜く

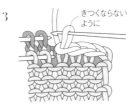

3
2を繰り返す。
棒針で行なってもよい

### [かぶせはぎ]

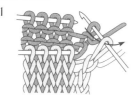

1
2枚の編み地を中表にして、向う側の端の目を手前の端の目に引き抜く

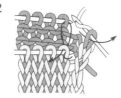

2
引き抜いた目をさらに引き抜き編みする。次に2目めを1のように引き抜く

3
引き抜き編みした目と、引き抜いた目を一度に引き抜く

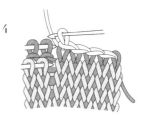

4
2,3を繰り返す

### [ダブルはぎ]

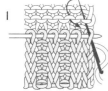

1
縁編みの端の目の向う側から針を入れ、編み地の下向きの糸に針を出す

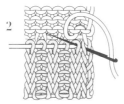

2
ここから編み地側は裏メリヤスはぎの要領でとじていく。縁編み側は、端の目に戻って手前より針を入れ、2目めの手前に針を入れる

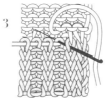

3
ここから縁編みの説明。縁編みの手前より針を入れ、3目めの向う側へ針を出す

4
3目めの向う側から針を入れ、4目めの手前に針を出す。3,4を繰り返す

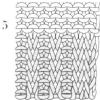

5
とじ終わった状態

### [すくいとじ]
途中に減し目や増し目があるとき

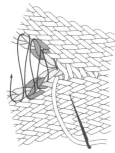

1目内側の横糸を交互にすくう。減し目したところは、半目ずつずらして針を斜めに入れる

ねじり目をした増し目の足をすくう

### [目と段のはぎ]

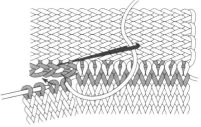

編み地はふつう、段数のほうが目数より多いため、その差を平均に振り分け、1目に対して2段すくっていく

[ゴム編み止め]
平編みの1目ゴム編み止め

| 1 | 2 | 3 | 4 | 5 |
|---|---|---|---|---|
| 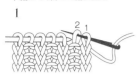 | 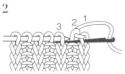 | 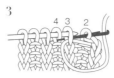 |  |  |
| 1の目は向う側から、2の目は手前から針を入れる | 1の目に戻り、ここから表目どうし、裏目どうしに針を入れていく | 裏目どうしに図のように針を入れる | 2、3を繰り返し、裏目と左端の表目に図のように針を入れる | 左端の表目2目に図のように針を入れて出す |

輪編みの1目ゴム編み止め

| 1 | 2 | 3 | 4 | 5 |
|---|---|---|---|---|
|  | 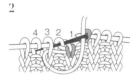 | 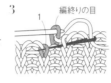 | 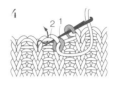 | 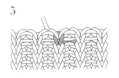 |
| 1の目を飛ばして2の目の手前から針を入れて抜き、1の目に戻って手前から針を入れ3の目に出す | 2の目に戻って向う側より針を入れ、4の目の向う側へ出す。1、2を繰り返す | 編終りの表面に手前から針を入れ1の目に針を出す | 編終りの裏目に向う側から針を入れ、図のようにゴム編み止めをした糸をくぐり、さらに矢印のように2の編み目に抜く | 止め終わった状態 |

輪編みの2目ゴム編み止め

| 1 | 2 | 3 |
|---|---|---|
| 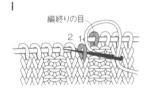 | 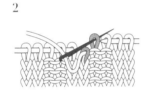 | 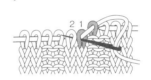 |
| 1の目に向う側から針を入れる | 編終りの目に手前から針を入れる | 1、2の目に図のように針を入れて出す |

| 4 | 5 | 6 |
|---|---|---|
|  | 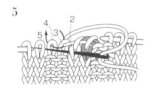 | 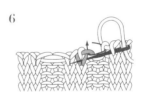 |
| 編終りの裏目に向う側から針を入れ、1、2の目を飛ばして3の目に手前から針を入れる | 2の目に戻って、3、4の2目を飛ばして5の目に針を出し、矢印のように3、4の目に入れて出す | 編終り側の表目と編始めの表目に針を入れ、最後は裏目2目に矢印のように針を入れて引き抜く |

[伏止め]

表目

| 1 | 2 | 3 |
|---|---|---|
|  |  |  |
| 端の2目を表目で編み、1目めを2目めにかぶせる | 表目で編み、かぶせることを繰り返す | 最後の目は、引き抜いて糸を締める |

裏目

| 1 | 2 | 3 |
|---|---|---|
|  |  |  |
| 端の2目を裏目で編み、1目めを2目めにかぶせる | 裏目で編み、かぶせることを繰り返す | 最後の目は引き抜いて糸を締める |

デザイン・製作

## 嶋田俊之 Toshiyuki Shimada

撮影：筒井雅之

神戸生れ。大阪音楽大学大学院修了。パリ国立音楽院に短期給費研修派遣。英国王立音楽大学（ロンドン）ARCM等各種ディプロマを取得修了。その後ウイーンにも学ぶ。コンクール等での受賞を重ね、多数の演奏会に出演。
学生時代よりクラフトに加えニットを始め、ヨーロッパ滞在中にニットを中心とするテキスタイルを専門的に学び、著名デザイナーのワークショップに参加、アシスタントも務める。また各地のニッターから伝統技法の手ほどきを受ける。
現在は、書籍、講師やテレビ出演、海外からのデザインの依頼や訳本等、幅広く活躍。フェアアイル・ニットやシェットランド・レースなどを中心とする伝統ニットをベースに、自由な作風の作品群にも人気があり、繊細な色づかいと手法で好評を得ている。
2017年、トゥヴェステッド・スコーレ（手工芸学校・デンマーク）に、初の日本人講師として招聘され、デザイナーと講師を対象とするクラスを担当。
著書に『ニットに恋して』『北欧のニットこものたち』『ニット・コンチェルト』（以上日本ヴォーグ社）、『手編みのソックス』『裏も楽しい手編みのマフラー』『手編みのてぶくろ』『シェットランド・レース』『バスケット編み』（以上文化出版局）がある。

アートディレクション・デザイン：須山悠里
デザイン：島田耕希
撮影：三木麻奈
　　　安田如水（プロセス・モノクロ静物／文化出版局）
　　　嶋田俊之（モノクロ製作過程）
スタイリング：鍵山奈美
ヘアメイク：ナライユミ
モデル：エモン美由貴
デジタルトレース：しかのるーむ　文化フォトタイプ
DTPオペレーション：文化フォトタイプ
校閲：向井雅子
編集：志村八重子
　　　三角紗綾子（文化出版局）

# ニットで奏でるエクローグ
## フェアアイルの技法で編むウェアと小物

2018年11月5日　第1刷発行

著　者　嶋田俊之
発行者　大沼　淳
発行所　学校法人文化学園 文化出版局
　　　　〒151-8524 東京都渋谷区代々木3-22-1
　　　　TEL.03-3299-2487（編集）
　　　　TEL.03-3299-2540（営業）
印刷・製本所　株式会社文化カラー印刷

[材料協力]

・材料の表記は、2018年10月現在のものです。
・糸は、廃番、廃色になる可能性があります。ご了承ください。

　イサガージャパン（イサガー）
　　TEL.0466-47-9535　http://isagerstrik.dk（日本語サイトあり）
　ておりや（オステルヨートランド）
　　TEL.06-6353-1649　http://www.teoriya.net
　Keito（ジェイミソンズ）
　　TEL.03-5809-2018　http://www.keito-shop.com
　Room amie（ローワン）
　　TEL.06-6821-3717　http://www.roomamie.jp
　Yarn room フラフィ（ジェイミソン＆スミス）
　　TEL.06-7897-3911（担当 大坪）
　　受付は月曜のみ13:00～18:00（祝日の場合は休み）

[衣装協力]

・掲載のアイテムは時期によって、完売もしくは売切れになる場合があります。ご了承ください。

　ヴラス ブラム目黒店
　　TEL.03-5724-3749
　　（p.28のパンツ、p.36のスカート／ヴラス ブラム）
　ケイエムディーファーム
　　TEL.03-5458-4791
　　（p.15のワンピース、p.28のブラウス、p.41のワンピース、p.47のワンピース／ネセセア）
　ブティック ジャンヌ バレ
　　TEL.03-3464-7612
　　（cover、p.44のつけ衿、p.4の靴、p.8のブラウス、p.11のつけ衿、スカート、p.24のブラウス、p.28、32の靴）
　メル
　　TEL.03-3465-4365
　　（p.4のハット、ブラウス、スカート、p.20のスカート、p.32のブラウス、スカート、エプロン、p.44のエプロン、p.47のアームカバー）

[撮影協力]
AWABEES
UTUWA

© Toshiyuki Shimada 2018　Printed in Japan
本書の写真、カット及び内容の無断転載を禁じます。

・本書のコピー、スキャン、デジタル化等の無断複製は著作権法上での例外を除き、禁じられています。
　本書を代行業者等の第三者に依頼してスキャンやデジタル化することは、たとえ個人や家庭内での利用でも著作権法違反になります。
・本書で紹介した作品の全部または一部を商品化、複製頒布、及びコンクールなどの応募作品として出品することは禁じられています。
・撮影状況や印刷により、作品の色は実物と多少異なる場合があります。ご了承ください。

文化出版局のホームページ http://books.bunka.ac.jp